Schleimünde

nlund

Kiel

Preetz

Plön

Eutin

Neumünster

ren

Travemünde

Lübeck

Hamburg

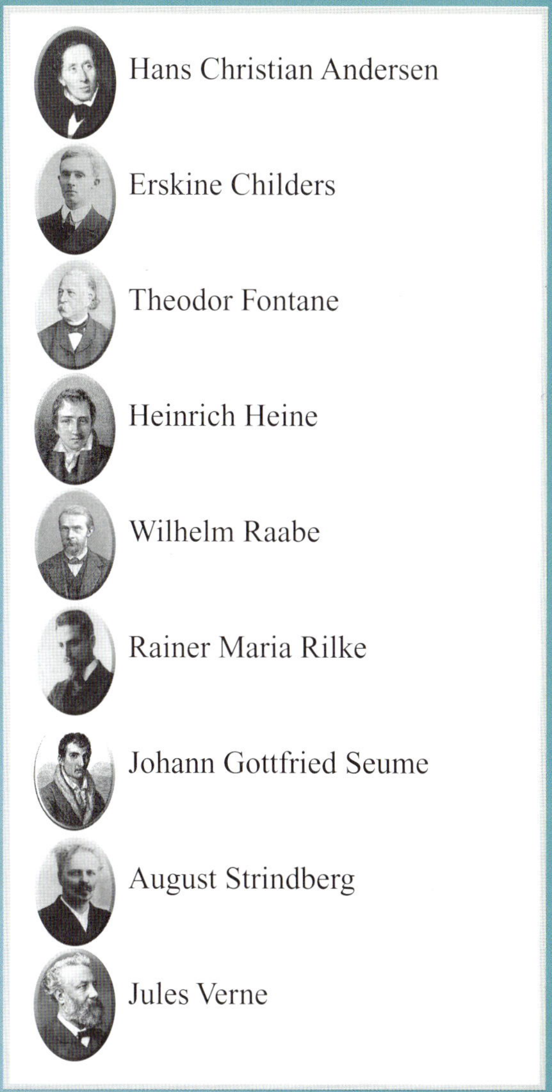

Hans Christian Andersen

Erskine Childers

Theodor Fontane

Heinrich Heine

Wilhelm Raabe

Rainer Maria Rilke

Johann Gottfried Seume

August Strindberg

Jules Verne

Literarische Reisen

Frank Trende

LITERARISCHE REISEN

ZWISCHEN

NORD- UND OSTSEE

Auf den Spuren berühmter Dichter unterwegs in Schleswig-Holstein

BOYENS

Umschlag: Seebad Wyk auf Föhr, 1872, Ölgemälde von Albert Keller, München.

ISBN 978-3-8042-1283-1

© 2009 by Boyens Medien GmbH & Co. KG, Heide
Alle Rechte vorbehalten
Herstellung: Boyens Buchverlag
Gestaltung: Dörte Kromrei
Vorsatzkarte: Norman Kracht
Druck: Boyens Offset, Heide
Printed in Germany

Inhalt

Wenn jemand eine Reise tut,
so kann er was erzählen; sagt Claudius;
ob dies aber jemand hören will
ist eine andere Sache.

Hans Christian Andersen

Schleswig-Holstein ist ein Land,
das niemanden durch Zusammenballung
von Industrie und Menschen überwältigt.
Es hat durch seine Überschaubarkeit und Schönheit
eine ordnende Kraft,
es ist sozusagen ein naturwüchsiges Kunstwerk.
In ihm finden deshalb Schriftsteller und Künstler
wie Leser und Betrachter einen Wahlverwandten,
zu dem sich gut reisen,
in dem sich gut leben und gut schreiben lässt.

Uwe Herms

„O REISEN, REISEN IST DOCH DAS GLÜCKLICHSTE LOS!“
EIN PROLOG

Schleswig-Holstein ist ein Reiseland mit Geschichte: Ende des 18. Jahrhunderts griff eine Begeisterung für entlegene Gegenden um sich. Nicht die gestaltete Lebenswelt, sondern die unberührte Natur wurde als eigenständiger Wert entdeckt und verzückte empfindsame Geister. Der Rhein, die Nordseeinseln, der Harz, die Berge, Sächsische und Holsteinische Schweiz inklusive, der deutsche Wald und das Meer wurden zu Sehnsuchts- und Symbolorten des deutschen Nationalgefühls – und gleichzeitig zum Reiseziel für Adel und Bürgertum. Zugleich faszinierten gerade Inseln als Enklaven der Zivilisation, auf denen man ganz auf sich selbst zurückgeworfen war. Man war nun nicht mehr unterwegs, um Handel zu treiben oder unbewohnte Landstriche zu besiedeln. Das Reisen wurde vielmehr zum autonomen Vergnügen, das, man denke nur an die Luftveränderung und das frische Meerwasser, zugleich der Gesundheit zuträglich war. In Person des dänischen Märchendichters Hans Christian Andersen fand diese Entwicklung einen ihrer Propheten:

O reisen, reisen ist doch das glücklichste Los! schrieb er, der Ruhelose, und: *Reisen ist leben!*

Nun rückte auch das Land zwischen den Meeren und seine entrückte Inselwelt, ganz oben in Deutschland gelegen, in den Mittelpunkt des aufkeimenden Interesses. Im Jahre 1802 gründeten zehn Lübecker Bürger das Seebad Travemünde und holten damit nach, was sich in England bereits durchgesetzt hatte. Weitere Orte an Nord- und Ostsee folgen: 1813 Haffkrug, 1819 Wyk auf Föhr und das Seebad am Düsternbrooker Ufer an der Kieler Förde, 1826 sodann Helgoland, 1830 Borby bei Eckernförde. Und auch Büsum, Scharbeutz, Westerland auf Sylt, Glücksburg an der Flensburger Förde, St. Peter-Ording und Amrum mit Wittdün und Norddorf erklärten sich zu Seebädern. Das Meer übte dazumal eine besondere Faszination auf die Gäste aus, sie waren, wurden sie seiner erstmals ansichtig, geradezu überwältigt, wie der Student Joseph von Eichendorff (1788–1857) aus Oberschlesien, der sich als romantischer Dichter in die Literatur-

Seebad Travemünde – kolorierte Lithographie nach F. Elias, um 1830. Man badete von Badekarren aus.

„Travemünde allein mit seinen Herrlichkeiten war der ganzen Reise wert, und ewig wird der Anblick des Meeres meiner Seele vorschweben", schrieb Joseph von Eichendorff im Jahre 1805.
Das Ostseeheilbad Travemünde heute: Lübecks schönste Tochter ist ein elegantes Seebad am Ostseestrand mit den typischen Strandkörben.

geschichte einschreiben sollte. Über einen Besuch in Travemünde auf einer Bildungsreise mit seinem Bruder Wilhelm notierte er 1805: *Mit der gespanntesten Erwartung sahen wir dem Augenblick entgegen, wo wir das Meer zu Gesicht bekommen sollten. Endlich, als wir den Gipfel der letzten Anhöhe vor Travemünde erreicht hatten, lag plötzlich das ungeheure Ganze vor unseren Augen und überraschte uns so fürchterlich, dass wir alle in unserem Innersten erschraken. Unermeßlich streckten sich die grausigen Fluten in unabsehbare Fernen. In schwindlichter Weite verfloß die Riesen-Wasserfläche mit den Wolken, und Himmel und Wasser schienen ein unendliches Ganzes zu bilden. Trunken von dem himmlischen Anblicke erreichten wir endlich Travemünde ...*

Das heutige Schleswig-Holstein – die damaligen Herzogtümer und die Hansestadt Lübeck – haben immer wieder berühmte Dichter angelockt, die sich hier erholten und inspirieren ließen. Nur der größte deutsche Dichter, Johann Wolfgang von Goethe (1749–1832), kam nicht auf die Idee, in den Norden zu reisen. Und Einladungen aus den Musenhöfen Emkendorf und Eutin, die sich jeder für sich den Ehrentitel „Weimar des Nordens" erworben hatten, schlug er aus. Die Adelssitze, die noch heute als repräsentative Monumente schleswig-holsteinischer Adelskultur berühmt sind, waren für den Weimarer Dichterfürsten lediglich *Sumpf- und Wassernester.*

Dabei war der Landstrich zwischen Nord- und Ostsee gerade im 19. Jahrhundert ein lohnendes Ziel: Hier waren selbständige Regionen mit eigenständiger Geschichte zu entdecken. Hier faszinierte die Lage zwischen zwei Meeren, faszinierte die geografische, kulturelle und politische Nähe zu Skandinavien. Das „lange" 19. Jahrhundert bis zum Beginn des Ersten Weltkriegs 1914 war für Schleswig-Holstein ein Jahrhundert der Transformation: Die Zeit des Kaisers Napoleon Bonaparte bis 1813, das Goldene Zeitalter als Teil des dänischen Gesamtstaats ab 1773, die national-politischen Auseinandersetzungen zwischen Deutschen und Dänen und die Kriege von 1848/51 und 1864, die Annexion durch Preußen und nationalistische Überhöhung Schleswig-Holsteins in den Jahren Kaiser Wilhelms II. Seit der Erhebung ab 1848 stand das Land im Zentrum der überregionalen Aufmerksamkeit und lockte deswegen auch die Künstler und Dichter an. Und sie kamen als Hochzeitsreisende und Kriegsberichterstatter, waren auf der Durchreise und suchten Erholung. Sturmumtoste Inseln, romantische Landschaften, ehrwürdige Herrenhäuser und Parks, bewunderte Kanalbauwerke und berüchtigte Kriegsschauplätze: In diesem Buch werden die Erlebnisse, Entdeckungen und Erkundungen von neun berühmten Schriftstellern nachgezeichnet, die nicht, wie Friedrich Hebbel und Theodor Storm oder später Waldemar Bonsels, Thomas Mann oder James Krüss aus Schleswig-Holstein stammten oder sich – noch später dann im 20. Jahrhundert – im Land niederließen wie Günter Grass und Siegfried Lenz, Sarah Kirsch und Peter Rühmkorf, Günter Kunert und Jurek Becker, sondern die das Land zwischen den Meeren zu Fuß, per Kutsche und an Bord von Segelbooten, Dampfschiffen und der modernen Eisenbahn bereisten und ihre Reisen literarisch verarbeiteten. Es ruft literarische Passagen in Erinnerung – Passagen in des Wortes doppelter Bedeutung: die Reisen selbst und ihren jeweiligen literarischen Niederschlag. Der Franzose Jules Verne und der Däne Hans Christian Andersen, der Ire Erskine Childers, der Schwede August Strindberg und seine Braut, die österreichische Autorin Frida Uhl, die deutschen Dichter Johann Gottfried Seume, Heinrich Heine und Theodor Fontane, Wilhelm Raabe und Rainer Maria Rilke sehen das Land mit ihren Augen und lassen das alte Schleswig-Holstein in Erzählungen und Briefen, Reisebeschreibungen und Romanen lebendig werden.

Übrigens taten es ihnen auch im 20. Jahrhundert eine ganze Reihe bedeutender Literaten nach: Etwa der Theaterkritiker Alfred Kerr, der die Nordfriesische Inselwelt und die Holsteinische Schweiz bereiste, etwa Hans Leip und Hans Henny Jahnn, die die Einsamkeit der heute gänzlich unbewohnten Insel Trischen genossen. Franz Kafka fiel in Travemünde am Strand mit nackten Füßen unangenehm auf. Der Schriftsteller und Rhetoriker Walter Jens verbrachte seine Schulferien seines Asthmas und der guten Luft wegen an der Elbmündung, und Arno Schmidt folgte dem Lauf der Eider und dem Verlauf der Verneschen Reise; er ließ seine „Schule der Atheisten" an der Eider spielen. Aber das ist eine andere Zeit.

Die in diesem Buch zusammengelesenen Texte laden ein, das heutige Schleswig-Holstein, seine Kulturlandschaften und sein maritimes Erbe, seine kulturgeschichtliche Überlieferung und seine kulturelle Verwandtschaft mit Dänemark durch die Worte sprachmächtiger Gäste kennenzulernen, die Schleswig-Holstein literarisch durchmessen haben und sich Land und Leuten auf Versfüßen näherten.

Johann Gottfried Seume:
„Wilde Schönheiten" in der Holsteinischen Schweiz

Johann Gottfried Seume (1763–1810) hatte etwas gesehen von der Welt, aber die Götter des Meeres und des Windes waren nicht immer auf seiner Seite. *Neptun und Aeolus sind selten meine günstigen Patrone. Auch jetzt bliesen die Winde ziemlich stark aus der Gegend von Kiel, wohin wir wollten; so dass wir fünf ganze Tage über einer Reise brauchten, die man sonst zuweilen in vier und zwanzig Stunden macht.* Dieser Dichter hatte fürwahr Hummeln unter dem Gehrock: Im Dezember 1801 war er in Grimma bei Leipzig zu einer Wanderung aufgebrochen, die zum berühmtesten Spaziergang der deutschen Literaturgeschichte und geradezu legendär werden sollte. Seume spazierte über Dresden und Prag, Wien und Graz, Venedig und Rom bis nach Syrakus, an der Ostküste Siziliens gelegen. Sein Erlebnisbericht „Spaziergang nach Syrakus im Jahre 1802" machte ihn zum Pionier der Reiseliteratur. Und auch vordem war dem Bauernsohn, geboren in Poserna im heutigen Sachsen-Anhalt, kein ruhiges Bürgerleben beschieden, wie es sein begonnenes Theologiestudium hätte vermuten lassen können. In

einer religiösen Krise floh er 1781 aus Leipzig und geriet in die Fänge hessischer Soldatenwerber. Deutsche Landesherrn hatten Soldatenvermietungsverträge mit dem englischen König geschlossen. Dieser setzte die Söldner im nordamerikanischen Unabhängigkeitskrieg gegen die aufbegehrenden Kolonien ein. So kam Seume als Soldat mit englischem Sold nach Amerika und blieb dort bis 1783. Freiwillig trat er 1792 in die Dienste der russischen Armee, unfreiwillig geriet er 1794 für zehn Monate in polnische Gefangenschaft. Er war also viel unterwegs, und es spricht die eigene Erfahrung aus ihm, wenn er schreibt: *Wer geht, sieht im Durchschnitt anthropologisch und kosmisch mehr, als wer fährt.*

So wie man im Wagen sitzt, hat man sich sogleich einige Grade von der ursprünglichen Humanität entfernt. Und: *Fahren zeigt Ohnmacht, Gehen Kraft.*

Johann Gottfried Seume war ein aufmerksamer Wanderer, er wollte die sozialen und politischen Verhältnisse der Lande, in denen er unterwegs war, durchschauen. Ihn interessierten die Menschen und die Ver-

Seume wanderte um Herrenhaus Knoop: Strenger Klassizismus am Schleswig-Holsteinischen Kanal. Heute führt hier der Nord-Ostsee-Kanal vorbei.

hältnisse, in denen sie lebten, und er stellte fest: *Die Gesichter der Einwohner sind immer ein guter Barometer der Regierung.*

Im April 1805 trieb der Liebeskummer den Wanderer erneut auf die Straße, wenn er den größten Teil der neuen Reise auch per Kutsche und Schiff zurücklegen sollte. *Dießmahl habe ich nur den kleinsten Theil zu Fuße gemacht; ungefähr nur hundert und funfzig Meilen.* Die Reise führte ihn über Dresden, Breslau, Riga und Petersburg bis nach Moskau und durch Finnland und Schweden nach Dänemark. Schließlich war Seume also im September 1805 per Schiff von Kopenhagen nach Kiel unterwegs. Er war nicht in Eile, fühlte sich in guter Gesellschaft, und Proviant war auch genügend an Bord. *Aber es ging nicht so gut, wie mit dem Proviant; ich musste für mein Zutrauen in seine Vorsicht ohne Bette auf dem ersten besten Kasten schlafen, welches auf alle Weise eben so schlimm war, als ehemals die Pökeley auf den englischen Transportschiffen nach Amerika in den Kolonialkrieg ... Den letzten Abend gab mir ein Hamburger Arzt, halb aus Ärger, wie er sagte, weil seine Korpulenz in seinem Bettkasten wie eingestopft war, seinen Bettplatz: die Gutmüthigkeit des wackern Mannes mochte wohl den größten Antheil an der Abtretung haben. Die Fahrt ist bekannt, und ging schlecht genug was das Schiffen anlangt, und lustig genug was die Gesellschaft betrifft. Wir hatten eine gute Ladung Damen mit in der Kajüte, die alle bis zur letzten Instanz gehörig seekrank wurden; und zwar wiederholt, nachdem der Sturm brauste und schwieg.* Die Fahrt zog sich hin durch die dänische Südsee, die Passagiere glaubten schon, sie würden statt in Kiel irgendwo an der mecklenburgischen Küste anlanden. *Endlich leyerten wir uns doch bis auf einige Entfernung von der Kieler Festung Friedrichsort herein; aber es ging unerträglich langsam.*

Bewaldete Hügel am Meer. Aussicht von Dysternbrock. Radierung des Lübecker Malers Heinrich August Grosch (1763–1843).

Aussicht von DYSTERNBROCK.

Da kam ein Fischerboot, das einige Passagiere aufnehmen und an Land bringen wollte. Seume wollte auf jeden Fall mit und war bereit, den Transfer aus eigener Tasche und allein zu bezahlen. *Denn Du mußt wissen, wenn meine Kasse in der tiefsten Ebbe ist, hat mein Muth immer die höchste Fluth. Sogleich hatte man sich gesammelt. Es blieb niemand zurück, als der einsylbige Britte; und wir fuhren was die Arme der Fischer vermochten herein in die Stadt.*

Vom ersten Eindruck zeigt sich Seume beeindruckt: *Die keilförmige Bucht von Kiel, von welcher wahrscheinlich die Stadt den Nahmen hat, macht bey der Einfahrt einen schönen Anblick. Rechts die Festung und der Kanal; und links einige schöne Dörfer mit schön gruppierten Bergschluchten. Ich hatte nicht gedacht, dass hier ein so starker Schiffbau wäre, als ich fand. Der Hafen hält bis an die Stadt sehr große Fahrzeuge.*

Kiel war dazumal eine kleine Stadt, 1803 wurden dort knapp 7100 Einwohner gezählt. Tatsächlich erlebte der Kieler Hafen in jenen Jahren einen beachtlichen Aufschwung: Da Napoleon in seinem Konflikt mit England die Elbe sperrte und den Hamburger Hafen von den Seeverkehren abriegelte, wurde der Kieler Hafen zum Hintertürchen. Während im letzten Jahrzehnt des 18. Jahrhunderts rund 480 Schiffe jährlich in Kiel abgefertigt wurden, waren es in den Jahren um 1805, dem Jahr, in dem Seume den Kieler Hafen gesehen hatte, rund 760 Schiffe. Die große Politik hatte den kleinen Kieler Hafen auf Trab gebracht.

Es ist hier allerdings keineswegs die hohe Schönheit der Alpen und die furchtbare Größe ihrer Gipfel und Schluchten; sondern es ist die gefällige Wellenlinie, die die Seele in Ruhe und Betrachtung zieht. Es wird hier kein Tell den Bund zum großen patriotischen Trauerspiel schwören, aber Voß kann seine Idyllen singen.

Seume kannte die Berge aus eigener Anschauung, und er verglich seine Gipfel-Erinnerungen mit der Fördelandschaft, die er nun durchwanderte: *Wenn man die Parthien mit dem Gaurus und dem Ciminus und dem Rigi misst, verlieren sie freylich: aber das bekanntere Deutschland hat vielleicht nicht noch zwanzig so freundliche Gegenden aufzuweisen, als die Kieler ist: und dann kann man in der gewöhnlichen Bedeutung des Worts schon sagen, sie sey schön.* Berge wie in Italien oder in der Schweiz sieht er auf dieser Etappe der Reise nicht.

Die jütische Halbinsel liegt wie eine Brücke zwischen Mitteleuropa und Skandinavien, in Ost-West-Richtung allerdings schiebt sie sich wie ein Sperrriegel zwischen Nord- und Ostsee. Wer mit seiner Fracht von einem Meer auf das andere wollte,

Ansicht von Knoop an dem Schlesw: Holst: Canal bey Kiel, um 1825/30. Kolorierte Radierung von Johann Ludwig Hansen d.Ä.

musste die Nordspitze Jütlands bei Skagen umrunden. Dies war aufwendig und gefährlich zugleich, denn böig aufkommende Westwinde ließen zahllose Schiffe havarieren. Wer auf Nummer sicher gehen wollte, musste andere Wege suchen. Seit dem 16. Jahrhundert gab es immer wieder Pläne für ein Kanalbauwerk, das die Landzunge in Ost-West-Richtung für Schiffe durchlässig machen würde. Aber verwirklichen ließ sich ein solcher Plan erst, als der König von Dänemark seit 1773 wieder der einzige Herzog von Schleswig und Holstein war. Vor 1773 waren die Herrschaftsverhältnisse durch Erbteilungen verwickelt. Nun stand der dänische Gesamtstaat hinter dem Vorhaben. Im Jahre 1777 begannen die Bauarbeiten für den Schleswig-Holsteinischen Kanal, an denen mehr als 2000 Arbeiter und 300 Soldaten beteiligt waren. Auch eine frühe Form von Löffelbaggern kam zum Einsatz. Die Trasse des Kanals führte von der Kieler Förde durch eine reizvolle Landschaft im Tal der Levensau bis in den Flemhuder See. Von Flemhude aus verlief die neue Wasserstraße mit der Eider, dem Grenzfluss zwischen Schleswig und Holstein, bis Rendsburg. Mit 3,50 Metern Tiefe und einer 18 Meter breiten Sohle hatte er beachtlich Abmessungen. Sechs Schleusen mussten allerdings gebaut werden, um die Niveauunterschiede auszugleichen. Die Schiffe, die den Schleswig-Hol-

steinischen Kanal passieren wollten, wurden anfangs in der Regel vom Ufer her von Pferden gezogen, also getreidelt. Bei gutem Wind wurden Segel gesetzt; wer konnte, fuhr unter Dampf. Von Rendsburg bis Tönning an der Nordseeküste sollten die Schiffe die Strecke auf der mäandrierenden Untereider zurücklegen. Der Kanal war eine Meisterleistung der Ingenieurkunst. Und er war zugleich eine infrastrukturelle Pio-

Die Schleuse von dem Canal zu Knoop, 1805. Kolorierte Radierung von Carl Daniel Voigts.

Baulicher Höhepunkt über dem Wasser: Schloss Plön, einziges schleswig-holsteinisches Schloss in Höhenlage, strahlt seit dem 19. Jahrhundert in edlem Weiß.

Preetz: Zwischenstation für Seume.

Der „Ugleisee" und die Schlucht am Weinberge: Anmutige und wild-romantische Holsteinische Schweiz.

Ansicht der Stadt Plön mit dem Schloss. Ölbild 1809 von Ludwig Philipp Strack, in dem der Künstler die Landschaft in mediterranes Licht taucht.

Mannigfaltigkeit, und das Nützliche und Angenehme in freundlicher Verbindung. Selten habe ich eine fröhlichere Mahlzeit gehalten, als das Frühstück dort am Kanal im Wirthshause. Fast ward, welches nur selten geschieht, die Stimmung meiner Seele idyllisch ...

Die schleswig-holsteinische Kulturlandschaft wird in besonderer Weise durch Schlösser und Herrenhäuser geprägt, sie liegen abseits der Hauptverkehrswege, obwohl ihre adligen Bewohner exponierte Persönlichkeiten waren, die im dänischen Gesamtstaat und erst recht in den Herzogtümern Schleswig und Holstein Verantwortung trugen. Die Architektur der Herren-

niertat des 18. Jahrhunderts, ein Schlüsselprojekt für das „Goldene Zeitalter", das Schleswig und Holstein zur Goethezeit wirtschaftlich und kulturell erlebte. Der Schleswig-Holsteinische Kanal wurde schnell berühmt, und auch Seume wollte das Bauwerk mit eigenen Augen sehen: *Ein Morgenspaziergang durch Düsternbrook nach der Mündung des Kanals, und von diesem hinauf bis Knop, ist ein Genuß, den zehen Seestädte nicht gewähren. Ich möchte wohl an dem ganzen Kanal hinauf bis an die Nordsee gehen: die Schönheiten müssen zahlreich und mannigfaltig seyn. Von der Mündung bis nach Knop, kaum eine Stunde Weges, begegneten uns eine Menge Schiffe; und ihre Durchfahrt durch die Schleusen giebt Unterhaltung, wenn man es auch schon sehr oft gesehen hat. Das Gut und der Garten des Grafen Baudissen sind zwar auch nicht in dem Stil der hohen Schönheit; das würde die Gegend kaum erlauben: aber es ist in beyden viel*

häuser, ihre Innenausstattung und die Gestaltung ihrer Gärten und Parks erhielten im 18. Jahrhundert eine besondere Prägung. Das galt gerade für das Herrenhaus Knoop, das sich nach dem Kanalbau in neuer topographischer Situation wiederfand. Heinrich Friedrich Graf von Baudissin (1753–1818) ließ es von 1795 bis 1800 neu errichten. Die Entwürfe lieferte der dänische Architekt und klassizistische Baumeister Axel Bundsen (1768–1832). Seume mochte sich von den ausgewogenen Proportionen des klassizistischen Meisterwerks am Schleswig-Holsteinischen Kanal aber nicht beeindrucken lassen: Er hatte die originalen Bauten der Antike auf seinem Spaziergang nach Syrakus selbst gesehen – Herrenhaus Knoop, gerade fünf Jahre alt, konnte in seinen Augen nicht mithalten.

Johann Gottfried Seume wanderte nicht weiter gen Westen bis zur Nordsee, sondern reiste über Preetz nach Plön weiter. Auf dem dortigen Schloss, seit 1761 im Besitz des dänischen Königs, stattete er dem königlich dänischen Amtmann August von Hennings (1746–1826) einen Besuch ab, der sich als Publizist einen Namen gemacht hatte und mit Goethe und Schiller heftig über Kreuz lag, die er als „unchristlich" bezeichnet hatte. Über Plön notiert Seume: *Das Städtchen ist nett genug; aber der See ist eine etwas wilde Schönheit. Die Halbinsel hinter dem Garten ist romantisch; aber die Ufer rund umher sind zu wenig bebaut und zu todt. Nur das Leben spricht zum Menschen. Das Auge sucht Gegenstände, wo es sich Menschen denkt, die mannigfaltig ihr Wesen treiben; und wo es diese nicht findet, klagt es seine Youngischen Nachtgedanken ab, und eilt der Stimmung los zu werden. So ging es mir mit dem Wasser hier und mit dem Wasser bey Eutin. Die Parthien sind recht schön auf einige Minuten; und wenn Menschengewimmel dort wäre, würden sie es seyn auf viele Tage.* Als Seume Ostholstein durchstreifte, hatten Künstler, etwa Ludwig Philipp Strack (1761–1836), die anmutige Landschaft für die Malerei entdeckt. Die Gegend sollte als „kleines Arkadien" bekannt werden. Der reisende Dichter konnte ihrer Unberührtheit wenig abgewinnen. Er sah Landschaft und Natur nicht mit dem melancholischen Blick des englischen Dichters Edward Young (1683–1765), sondern mit den Ordnung und Aktivität suchenden Augen der Aufklärung.

In Eutin schließlich erregte der Dichter auf der Reise Aufsehen: *In Eutin war ich von ungefähr in einem Wirthshause, wo der öffentliche Klub war; das heißt, man spielte, sprach vom Kriege, und aß. Die Gesellschaft war ziemlich zahlreich, ich war allerdings nicht sehr zierlich gekleidet, war draußen am Wasser einige Stunden herum gelaufen und meine Taciturnität hielt den ganzen Abend, ohne weiter ein Wort zu sprechen,*

als dass ich von dem Markeur Wein und Selter Wasser forderte. Man ging auf und ab, belugte mich von allen Richtungen, schien mich anreden zu wollen, aber zu zweifeln, ob es der Mühe lohne: und bey dem Zweifel blieb es, wobey ich mich denn ziemlich wohl befand. Meine Seele war bey dem Eutiner, der nicht mehr hier war, und ich suchte ihn im Geist an der Saale und am Rhein auf. Zu verrathen gab es hier nichts, und ich habe den ganzen Abend keine einzige politische und philosophische Ketzerey gehört: von kirchlichen Dingen wurde billig gar nicht gesprochen. Übrigens ging es dabey her, wie in jeder andern guten Gesellschaft. Den Dichter und Homer-Übersetzer Johann Heinrich Voss (1751–1826) traf er hier nicht mehr an. Dieser hatte wesentlich zu Eutins Ruhm als „Weimar des Nordens" beigetragen, lebte ab 1802 aber in Jena. Auf den Gesichtern der Eutiner Bürger konnte Seume offenbar keine bemerkenswerte Unzufriedenheit ablesen. Er sah sie als brave und zufriedene Untertanen.

Klassische Gartenkunst in der Holsteinischen Schweiz: Der große Wasserfall im Eutiner Schloßgarten. Ölgemälde, um 1800, von Ludwig Philipp Strack.

Blankenese in der Abendstimmung. Ölgemälde von Anton Carl Busch, entstanden um 1820.

Christianskirche in Ottensen gedachte er seines berühmten Dichterkollegen. *Unten hatte ich an der Elbe an Klopstocks Grabe gestanden, und hatte dem Genius gehuldigt.* Und an der Elbe spürte er, wie Hamburgs Wohlstand auf die Umgebung ausstrahlte: *Blankenese heißt weiter nichts als die blanke Nase, und der Fleck muß ehemals ziemlich kahl und wild gewesen sein. Jetzt baut man überall, und die Hamburger Landhäuser machen schon eine lange Reihe schöner Anpflanzungen bis hierher. Die Aussicht von dem Berge am Flusse hinauf bis zur Stadt macht ein herrliches Bild der reichen Kultur und des Wohlstandes. Aber weit herrlicher muß der Anblick von der anderen Seite des Flusses im Hannoverischen sein, wo man die Stadt und das mit Villen besäte Ufer auf und ab auf einmal überschaut.*

Seume verließ Eutin in Richtung Lübeck und machte dann Station in Hamburg. Dort nahm er auch das damals zu Holstein gehörende Elbufer in Augenschein, die Orte Altona, Blankenese und Ottensen. Am Grab Friedrich Gottlieb Klopstocks (1724–1803) an der

Mit diesem vorgestellten Blick von Süden nach Schleswig-Holstein neigte sich Seumes Sommerreise 1805 dem Ende zu.

Elbufer bei Blankenese. Ölgemälde von Adolph Friedrich Vollmer, entstanden nach 1839.

Heinrich Heine:

„Das Meer ist mein wahlverwandtes Element und schon sein Anblick ist mir heilsam.“

Ich bin in diesem Augenblick wie zerschlagen, die ganze Nacht habe ich auf der Nordsee herumgeschwommen, ich wollte nach Helgoland reisen, doch in der Nähe der Insel musste der Kapitän wieder umkehren, weil der Sturm gar zu entsetzlich war. Als Heinrich Heine (1797–1856) im Jahr 1823 auf die Hochseeinsel in der Deutschen Bucht reisen wollte, hatte er sein Studium in Berlin beendet und bereits Gedichte veröffentlicht und Tragödien geschrieben. Aber die Nordsee machte ihm einen gehörigen Strich durch die Rechnung. So malte er ein apokalyptisches Schreckensszenario und berichtete er in seinem Brief vom 23. August 1823 an seinen Freund Moses Moser weiter: *Es hat ganz seine Richtigkeit mit dem, was man von der Wildheit des Meeres sagt. Es soll einer der wildesten Stürme gewesen sein, die See war eine bewegliche Berggegend, die Wasserberge zerschellten gegeneinander, die Wellen schlagen über das Schiff zusammen und schleu-*

dern es herauf und herab, Musik der Kotzenden in der Kajüte, Schreien der Matrosen, dumpfes Heulen der Winde, Brausen, Summen, Pfeifen, Mordspektakel, der Regen gießt herab, als wenn die himmlischen Heerscharen ihre Nachttöpfe ausgössen – und ich lag auf dem Verdecke und hatte nichts weniger als fromme Gedanken in der Seele. Ich sage Dir, obschon ich im Winde die Posaunen des Jüngsten Gerichts hören konnte und in den Wellen Abrahams Schoß weit geöffnet sah, so befand ich mich doch weit besser als in der Sozietät mauschelnder Hamburger und Hamburgerinnen.

Die Sturmerfahrung war für den Lyriker Heine elementar – er trug mit seiner Dichtung wesentlich dazu bei, dass die sturmgepeitschte Nordsee zum Sinnbild für die aufgewühlten Seelen der Romantiker wurde. In seinem „Buch der Lieder“ (1827) finden sich Verse, die eng mit den brieflich geschilderten Erlebnissen korrespondieren:

Die einzige deutsche Hochseeinsel: Helgoland, gelegen in der Deutschen Bucht, rund 70 Kilometer vom Festland entfernt. Der rote Buntsandstein- felsen ist mit einem grünen Grasteppich überzogen.

Dampfschiff „De Beurs von Amsterdam" vor Helgoland. Lithographie von Cornelius und Peter Suhr, 1829.

Der Wind zieht seine Hosen an,
Die weißen Wasserhosen!
Er peitscht die Wellen, so stark er kann,
Die heulen und brausen und tosen.

Aus dunkler Höh', mit wilder Macht,
Die Regengüsse träufen;
Es ist, als wollt die alte Nacht
Das alte Meer ersäufen.

An den Mastbaum klammert die Möwe sich
Mit heiserem Schrillen und Schreien;
Sie flattert und will gar ängstiglich
Ein Unglück prophezeien.

Der Sturm spielt auf zum Tanze,
Er pfeift und saust und brüllt;
Heisa! wie springt das Schifflein!
Die Nacht ist lustig und wild.

Ein lebendes Wassergebirge
Bildet die tosende See;
Hier gähnt ein schwarzer Abgrund,
Dort türmt es sich weiß in die Höh'.

Ein Fluchen, Erbrechen und Beten
Schallt aus der Kajüte heraus;
Ich halte mich fest am Mastbaum
Und wünsche: Wär ich zu Haus.

Als Heinrich Heine sich auf seiner legendären „Harzreise" im Jahr 1824 einmal unter Tage begab, um ein Bergwerk zu besichtigen, kam ihm die versuchte Überfahrt nach der schleswig-holsteinischen Nordseeinsel wieder in den Sinn: *Ich habe keinen Anflug von sogenannter Angst empfunden, aber, seltsam genug, dort unten in der Tiefe erinnerte ich mich, daß ich im vorigen Jahre, ungefähr um dieselbe Zeit, einen Sturm auf der Nordsee erlebte, und ich meinte jetzt, es sei doch eigentlich recht traulich angenehm, wenn das Schiff hin und her schaukelt, die Winde ihre Trompeterstückchen losblasen, zwischendrein der lustige Matrosenlärm erschallt und alles frisch überschauert wird von Gottes lieber, freier Luft. Ja, Luft! – Nach Luft schnappend, stieg ich einige Dutzend Leitern wieder in die Höhe.*

Und auch im zweiten Nordsee-Zyklus im „Buch der Lieder" hat der Dichter den Helgoländern unter dem Titel „Der Phönix" seine Referenz erwiesen:

Es kommt ein Vogel geflogen aus Westen,
Er fliegt gen Osten,
Nach der östlichen Gartenheimat,
Wo Spezereien duften und wachsen,
Und Palmen rauschen und Brunnen kühlen –
Und fliegend singt der Wundervogel:

»Sie liebt ihn, sie liebt ihn!
Sie trägt sein Bildnis im kleinen Herzen,
Und trägt es süß und heimlich verborgen,
Und weiß es selbst nicht!
Aber im Traume steht er vor ihr,
Sie bittet und weint und küßt seine Hände,
Und ruft seinen Namen,
Und rufend erwacht sie und liegt erschrocken,
Und reibt sich verwundert die schönen Augen –
Sie liebt ihn, sie liebt ihn!«

An den Mastbaum gelehnt, auf dem hohen Verdeck,
Stand ich und hört ich des Vogels Gesang.
Wie schwarzgrüne Rosse mit silbernen Mähnen,
Sprangen die weißgekräuselten Wellen;
Wie Schwanenzüge schifften vorüber,
Mit schimmernden Segeln, die Helgolander,
Die kecken Nomaden der Nordsee;
Über mir, in dem ewigen Blau,
Flatterte weißes Gewölk
Und prangte die ewige Sonne,
Die Rose des Himmels, die feuerblühende,
Die freudvoll im Meer sich bespiegelte; –
Und Himmel und Meer und mein eigenes Herz
Ertönten im Nachhall:
»Sie liebt ihn! sie liebt ihn!«

Helgoland war Teil des Herzogtums Schleswig, wurde 1807 von den Briten besetzt und galt fortan als englische Kronkolonie. Es hatte sich in der Zeit der Napoleonischen Kontinentalsperre von 1806 einen Ruf als Schmuggelplatz erworben. So schrieb Heinrich von Kleist (1777–1811) im Jahr 1810 in den Hamburger Gemeinnützigen Unterhaltungs-Blättern über die dort gelagerten Waren: *Wenn man erwägt, wie groß die Menschenmasse sein muß, die ein Gewerbe, von so beträchtlichem, man mögte sagen ungeheurem Umfange, auf diesen Platz zusammenzieht: so wird eine Nachricht über die geographische und physikalische Beschaffenheit dieser Insel sehr interessant.* Und Kleist kommt aus dem Staunen nicht heraus: Die Bevölkerungsdichte, so errechnete er, lag noch über der in engbesiedelten Regionen Englands und der Niederlande. *Dabei ist der hohe und steile, an drei Seiten vom Meere bespülte Felsen, worauf der Flecken gebaut ist, wegen seiner mürben, zwischen den Fingern zerreiblichen Substanz, durch die Witterung vom Gipfel zum Fuß zerspalten und zerrissen; dergestalt, dass, auch Furcht vor den Erdfällen und Zerbröckelungen, die sehr häufig eintreten, bereits mehrere, auf dem äußersten Rand schwebende Häuser haben abgebrochen werden müssen, und bei einem derselben, vor mehreren Jahren, wirklich der Flügel des Königl. Wachthauses, schon herabgestürzt ist.* Verdichten konnte man die Bebauung nach Kleists Einschätzung nicht mehr: *Die Einrichtung der Häuser kleiner und compendiöser zu machen, oder sie dichter an einander zu rücken, oder die Straßen, die dadurch gebildet werden, zu verengen, ist unmöglich; denn die ein Stock hohen Häuser enthalten nicht mehr, als ein Zimmer, eine Kammer,*

Ausbooten auf Helgoland. Aquarell eines unbekannten Künstlers.

eine Küche und eine Speisekammer, und die Straßen sind schon, ihrer ersten Anlage nach, so eng, dass kein Fuhrwerk sie passieren, und höchstens nur eine Leiche hindurch getragen werden kann. Fürwahr, Heinrich von Kleist ist beeindruckt von den Verhältnissen, die er von Helgoland erfahren hat, und versucht, wohl die ganze Insel in einen einzigen Satz zu zwingen: *Erwägt man hierbei, dass der Felsen ganz unfruchtbar ist; dass auf dem Vor- und Unterland, zwischen den Häusern, der einzige süße trinkbare Quell entspringt; dass man sich, im Flecken selbst, mit bloßem Regenwasser behelfen, und an heißen Sommertagen, über eine Treppe von 191 Stufen herabsteigen muß, um daraus zu schöpfen; dass nur einige Johannisbeersträucher, ein wenig Gerste und Weide für's Vieh, auf der Oberfläche des Felsens wachsen; dass innerhalb des hohen, vor Stürmen einigermaßen gesicherten Hofes des Predigerhauses der einzige Baum befindlich ist (ein Maulbeerbaum); dass demnach, vom Ursprung dieses Etablissements an, alle Bedürfnisse, auch die ersten und dringendsten, aus den, sechs und zehn Meilen fernen Häfen des festen Landes, geholt werden mussten; dass durch den Krieg und die unerbittliche Sperrung des Continents der Insel diese Zufuhr gänzlich abgeschnitten ist; dass mithin, bis auf Fleisch, Butter, Bier, Salz und Brod, Alles, mit unverhältnißmäßig mühevollen Anstrengungen, aus den Häfen von England herübergeschafft werden muß: so gehört dieser, um einen Werth von 20 Mill. Pfund Sterling spielende, continuirliche, an Leben und Bewegung alle Messen des Continents übertreffende Handel, der auf dieser öden, nackten, von der Natur gänzlich vernachlässigten Felsscholle, in Mitten des Mers, sein Waarenlager aufgeschlagen hat (nun aber wahrscheinlich Bankerott machen wird) gewiß zu den außerordentlichsten und merkwürdigsten Erscheinungen der Zeit.*

Schon vor Kleist zeigte sich der Göttinger Gelehrte und Schriftsteller Georg Christoph Lichtenberg (1742–1799) von der deutschen Hochseeinsel begeistert. Er hatte 1773 den roten Felsen selbst in Augenschein genommen, und so lag es nahe, dass ihm auch Helgoland wieder in den Sinn kam, als er zwei Jahrzehnte später die Frage aufwarf „Warum hat Deutschland noch kein großes öffentliches Seebad?" Lichtenberg spielte in Gedanken verschiedene Standorte durch: *Und nun Helgoland! Kleine geschlossene Gesellschaften unternehmen, statt Ball und Pharao* – das auch als Pharo bezeichnete Karten-Glücksspiel, das, so weiß es Meyers Konversationslexikon von 1888, verrufen ist, „weil Betrug dabei sehr leicht fällt und thatsächlich oft vorkommt" –, statt Ball und Pharao also *eine Reise nach dieser außerordentlichen Insel. Die Vomitivchen* – ein Vomitiv ist ein Brechmittel – *unterwegs verschwinden in dem Genuß dieses großen Anblicks. Wer so etwas noch nicht gesehen hat, datiert ein neues Leben von einem solchen Anblick und liest alle Beschreibungen von Seereisen mit einem neuen Sinn. Ich glaube, jeder Mann von Gefühl, der das Vermögen hat, sich diesen großen Genuß zu verschaffen, und es nicht tut, ist sich*

Die Lithographie von Wilhelm Heuer, um 1840/50 entstanden, zeigt die Treppe, die das Unterland mit der Bebauung auf dem Felshang verband.

Verantwortung schuldig. Nie habe ich mit so vieler, fast schmerzhafter Teilnehmung an meine hinterlassenen Freunde in den dumpfigen Städten zurückgedacht als auf Helgoland. Ich weiß nichts hinzuzusetzen als: man komme und sehe und höre. – Sollte eine solche Anstalt in jenem glücklichen Winkel nicht möglich sein? Ich glaube es. Von Hamburg läßt sich alles erwarten. Diese vortreffliche Stadt mit ihren Gesellschaften könnte verbunden mit Bremen, Stade, Glückstadt u.s.w. schon allein einem solchen Bade Aufnahme verschaffen, der Fremde bedürfte weiter nichts. Sollte unter den vielen spekulierenden Köpfen dort nicht einer sein, der ein solches Unternehmen beförderte, auf dessen Ausführung keine geringe Anzahl von Teilnehmern wartet, wenn ich aus meiner Bekanntschaft auf die übrigen schließen darf? Große Anstalten wären zum ersten Versuch nicht nötig, nur Bequemlichkeit für die Gäste. Fürs erste keine Komödienhäuser, keine Tanzsäle (das würde sich am Ende alles von selbst finden) und keine Pharaobänke.

Vor Seeungeheuern, so meinte Lichtenberg, müsse man sich auch bei der Anreise nach Helgoland und beim Bade dort nicht fürchten: *Vor dem Schicksal des Jonas wird nicht leicht jemanden im Ernste bange sein, der das Lokale dieser Orte kennt. Die Fische, die einen Propheten fressen könnten, sind da so selten als die Propheten. Eher könnte man die dortigen Fische vor den Badegästen warnen. Seit jeher sind zwar die Fische dort, zumal von Fremden, mit großer Prädiktion* – also mit Vorliebe – *gespeist worden, es ist mir aber nicht bekannt, daß je einer von ihnen das Kompliment erwidert hätte.*

Vielleicht waren es also die Berichte und Überlegungen von Heinrich von Kleist und Georg Christoph Lichtenberg, die Heinrich Heines Neugierde auf Helgoland geweckt hatten. Stillen konnte er sie erst im zweiten Anlauf 1829. Damals hatte er mit seiner Sammlung „Dreiunddreißig Gedichte" (1824), mit dem ersten Teil der „Reisebilder" (1826) und dem „Buch der Lieder" (1827) literarische Aufmerksamkeit erregt. Er kannte die Ostfriesischen Inseln und hatte Italien bereist, aber jetzt wollte er Helgoland besuchen. Am 6. August 1829 konnte er seinem Freund Moses Moser vermelden: *Da eben ein Schiff nach Hamburg abgeht, kann ich nicht unterlassen, Dir einige freundliche Grüße nach dem Kontinente hinüberzuschicken. Ich habe mich, nach einem kleinen Seesturm, glücklich hierher gefunden, wo ich mich wohl und heiter auf dem roten Felsen ergehe. Ich befinde mich in der Tat recht wohl und heiter. Das Meer ist mein wahlverwandtes Element, und schon sein Anblick ist mir heilsam. Ich bin, jetzt fühl ich es erst, unsäglich elend gewesen, als ich mich in Berlin befand; Du hast gewiß darunter leiden müssen. Ein melancholischer Freund ist eine Plage Gottes. Hoffentlich treffen Dich diese Zeilen in vollem Wohlsein. Schreib mir hierher: an H.H., bei Dr. Brodder Nickels in Helgoland in der Nordsee. Alle Okeaniden* – Nymphen, die über das Meer herrschen – *lassen Dich grüßen. – Ich wünschte, Du sähest mal das Meer; vielleicht begriffest Du die Wollust, die mir jede Welle einflößt. Ich bin ein Fisch mit heißem Blute und schwatzendem Maul; auf dem Lande. Auch die Seehunde lassen Dich grüßen. Eine weiße Möwe, die ich gestern kennenlernte, lässt sich erkundigen, ob Gans* – gemeint ist Heines Freund, der Philosoph Eduard Gans (1798–1839) – *sein Buch fertig ist. Leb wohl, es gibt wenig Papier auf Helgoland.*

Dein Freund
H. Heine

Inseln wurden seit dem 18. Jahrhundert als Orte des Abenteuers, der Sehnsucht und der Abgeschiedenheit gerade von Literaten sehr geschätzt. Und politisch Bedrängten konnten Inseln Refugien sein. Helgoland etwa bot dem Gelehrten August Heinrich Hoffmann von Fallersleben (1798–1874) im Jahre 1841 Unterschlupf; dort dichtete er das „Lied der Deutschen", dessen dritte Strophe zur Nationalhymne Deutschlands erklärt wurde. Vor deutschen Küsten konnte es kaum abenteuerlicher zugehen als hier. Am 4. August 1829 war Heinrich Heine auf der Insel eingetroffen, bis zum 20. September 1829 blieb er dort. Das war das erste Jahr, in dem es ein Dampfschiff gab, das nach Helgoland ging, vorher konnte man nur mit dem offenen Segelboot hingelangen. Damals war das Seebad noch jung. Im Jahre 1826 wurden auf dem Unterland zwei und auf der neben der Insel gelegenen Düne, sie ist von einem Sturm im frühen 18. Jahrhundert von der Hauptinsel abgetrennt worden, die ersten vier Badekarren aufgestellt. Damit gehorchten die Helgoländer der wirtschaftlichen Not, denn die glücklichen, weil einträglichen Schmuggeljahre aus der Zeit der napoleonischen Kontinentalsperre waren 1814 vorüber. Allmählich erwachte nun der Badebetrieb, der Inselluft wurde eine besondere Heilkraft zugeschrieben. Das Baden war allerdings noch keine tagesfüllende Angelegenheit. Es war ja eine Art Medizin, und deshalb tauchten die Herrschaften einige Minuten ins kalte Meerwasser, und die Angelegenheit war erledigt. Heine konnte schwimmen, die meisten Gäste konnten es nicht. Am Nachmittag widmete man sich dem Sammeln von Versteinerungen, erging sich auf der Insel oder pirschte auf der Jagd Vögeln oder Seehunden hinterher.

Heinrich Heine war auf der Insel zudem in gesellschaftliche Händel verstrickt. Der Züricher Regierungsrat Ferdinand Meyer (1799–1840) erinnerte sich:

Als ich im Jahre 1829 das Seebad Helgoland gebrauchte, lernte ich daselbst Heinrich Heine kennen, der nach erfolglosen Versuchen im Süden, sein schon damals zerrüttetes Nervensystem durch den mächtigen Wellenschlag der Nordsee wieder herzustellen hoffte. – Obgleich unsere politischen und religiösen Absichten sich schnurstracks entgegenstanden, so fühlten wir uns doch sehr bald zueinander hingezogen; und da es uns nie an anderem Stoff zur Unterhaltung fehlte, war es uns ein Leichtes, Gespräche, die auf jenes Feld führten, zu vermeiden, – ich muß gestehen, dass Heine's sprudelnder Witz, der an manchen komischen Gestalten, die sich zur Zeit in Helgoland aufhielten, reiche Nahrung fand …

Heine war dem Beamten als Schriftsteller bekannt. Und nicht ohne Stolz berichtete er: *Daß Heine mich besonders lieb gewonnen hatte, mochte wohl daher kommen, dass ich mich gleich zu Anfang unserer Bekanntschaft erboten hatte, ihm bei einem Pistolen-Duell mit einem Herrn N. aus Homburg, den er durch seinen beißenden Witz beleidigt hatte, zu sekundiren. – Aus dem Duell wurde indeß nichts, wir aber waren dadurch Freunde geworden.*

Was war geschehen?

Die Veranlassung zum Duell war folgende: Heine, der mit Herrn N- in demselbsen Hause wohnte, hatte diesem, der ohne Reisegepäck, nur auf kurze Zeit nach Helgoland gekommen war, seinen Frack geliehen, um der damals gefeierten Sängerin S- aus Hamburg, die ebenfalls in Helgoland badete, einen Besuch zu machen. Vor Herrn N-s Ankunft hatte Heine der S- den Hof gemacht, sich nachher aber von ihr zurückgezogen; wogegen N- alsbald ihr eifrigster Verehrer wurde. Als die S-, bei Gelegenheit, wo die Geschichte des geliehenen Fracks zur Sprache kam, darüber scherzte, dass sich die beiden Herren einen Frack in Kompagnie hielten, antwortete Heine sehr beißend, er pflege es so zu halten, dass Herr N- das aufnehme, was er, der Heine, ablege. – Hierauf blieb nun freilich dem N- nichts anders übrig, als Heine zu fordern. – Ich weiß nicht mehr genau, wie sich die Sache ausglich, doch es ist mir erinnerlich, dass Heine die Lacher auf seiner Seite behielt.

Heinrich Heine hat seinen Spaß gehabt und sollte im Jahr darauf noch einmal zurückkehren. Im Sommer 1830 erfuhr er von der Juli-Revolution in Paris und dem Sturz der Bourbonen: *Ich befand mich frisch und gesund und konnte nichts treiben als Revolutionsgeschichte, Tag und Nacht. Zwei Monate badete ich in Helgoland, als die Nachricht der großen Woche dort anlangte, war's mir, als verstände sich das von selbst, als sei es nur eine Fortsetzung meiner Studien,* schrieb er im November 1830. Heine war ein politisch wacher Kopf, der sich allerdings als ein unabhängiger Dichter verstand, der nicht Partei ergreifen wollte. Sein Kollege Ludwig Börne (1786–1837) dagegen war ein radikaler Republikaner, der Heine aufforderte, im Freiheitskampf gegen den Adel eine klare Position zu beziehen. Erst nach Börnes Tod, im Jahr 1840, veröffentlichte Heinrich Heine seine Abrechnung mit Börne. Hineinkomponiert in den Text sind Briefe, die Heinrich Heine im Revolutionssommer 1830 auf Helgoland geschrieben hatte. Zu den Grundtönen dieser Helgoland-Briefe gehört die Kritik an England. Unter dem 1. Juli 1830 etwa notierte er: *Daß die Insel Helgoland unter britischer Herrschaft steht, ist mir schon hinlänglich fatal. Ich bilde mir manchmal ein, ich röche jene Langeweile, welche Albions Söhne* – Albion ist ein altertümlicher Name für Großbritannien – *überall ausdünsten.* Heinrich Heine ging auf der Insel spazieren, betrachtete das Meer und las Tag für Tag in der Bibel, machte sich Gedanken über die Religion, über die Kunst und die Wahrheit. Und unter dem 29. Juli notierte er: *Mein Hauswirt ist ein prächtiger Seemann, berühmt auf der ganzen Insel wegen seiner Unerschrockenheit in Sturm und Not, dabei gutmütig und sanft wie ein Kind. Er ist eben von einer großen Fahrt zurückgekehrt, und mit lustigem Ernste erzählte er mir von einem Phänomen, welches er gestern, am 28. Juli, auf der hohen See wahrnahm. Es klingt drollig: mein Hauswirt behauptet nämlich, die ganze See roch nach frischgebackenem Kuchen, und zwar sei ihm der warme delikate Kuchenduft so verführerisch in die Nase gestiegen, dass ihm ordentlich weh ums Herz ward. Siehst Du, das ist ein Seitenstück zu dem neckenden Lustbild, das dem lechzenden Wanderer in der arabischen Sandwüste eine klare erquickende Wasserfläche vorspiegelt. Eine gebackene Fata Morgana.* Und für Heine ein süßer Vorgeschmack auf die Revolution von 1830.

Thomas Mann (1875–1955) sollte später schreiben: *Heine war als Schriftsteller und Weltpsycholog nie mehr auf der Höhe, nie weiter voraus als in diesem Buch und namentlich in den eingeschobenen Briefen aus Helgoland.*

HANS CHRISTIAN ANDERSEN:
„... BALD SAHEN WIR ZWISCHEN WALD UND WIESEN DAS SIEBENTÜRMIGE LÜBECK HERVORGUCKEN ..."

Dem berühmten dänischen Märchendichter Hans Christian Andersen (1805–1875) kam sein eigenes Leben oft genug vor wie eine von ihm selbst erdachte Wundergeschichte: Und fürwahr, aus dem hässlichen Entlein aus Odense war ein Schwan geworden, aus dem Sohn eines armes Schuhmachers ein berühmter Schriftsteller, für den sich die Portale der Herrenhäuser und Schlösser öffneten. Andersen hat dies genossen – und doch blieb er zeitlebens ein ruheloser Geselle. Ein Junggeselle, der homosexuell empfand und seine Homosexualität vor anderen verbergen musste und sich selbst wohl auch nicht eingestand. Fast will es scheinen, als lebte Andersen, der eine Zugvogelnatur in sich spürte, eine nomadische Existenz – er liebte es zu reisen, er war soviel unterwegs, dass man schon sagen kann: Er war auf der Flucht, vielleicht vor seiner eigenen Herkunft oder schlimmer gar vor sich selbst. Es liest sich wie ein Hymnus auf die Ruhelosigkeit, wenn er schreibt: *O reisen, reisen ist doch das glücklichste Los!* Vielleicht spürte er sich nur, wenn er un-

terwegs war – mit seinen Worten gesagt: *Reisen ist Leben!* Und zugleich war ihm das Reisen auch Inspiration für seine literarische Arbeit.

Hans Christian Andersen hat Schleswig-Holstein noch als Teil des dänischen Gesamtstaats erlebt. Schleswig-Holstein war ihm die Brücke, die ihn von Dänemark in viele Länder Deutschlands und Europas führte. Durch die Jahre hatte er Flensburg und Schleswig, Rendsburg und Kiel gesehen. Während seiner ersten großen Bildungsreise 1834 schrieb er in Wien unter dem 1. Juli in sein Tagebuch: *Also heute in einem Monat bin ich wieder in Dänemark, wahrscheinlich schon in Kiel.*

Im Sommer des Jahres 1831 reiste der 26-jährige Andersen durch Deutschland. Er besuchte Hamburg und Braunschweig, Goslar und Leipzig, Dresden und Berlin. Von Kopenhagen ging es mit dem Dampfschiff „Prinzessin Wilhelmine" über die Ostsee, nicht wie so oft in den folgenden Jahren nach Kiel, sondern nach Lübeck. Im Tagebuch notierte er unter dem 16. Mai:

Lübeck von Osten. Das Gemälde von Friedrich Heinrich Schmidt-Carlson, um 1840 entstanden, zeigt die berühmte siebentürmige Stadtsilhouette.

Um halb zwölf kamen wir nach Travemünde. Alles war grün. Zwei Felder gelb von Blumen. Es war eine herrliche Einfahrt. Wir konnten vor lauter Nebel nichts sehen, aber als wir hineinglitten, lag er hinter uns, und meine erste Flugschiffahrt begann. Es ist wunderlich auf einem schmalen Gewässer, das sich in viele Zungen verzweigt, auf einem großen Dampfschiff zu sein. Ich war so erschöpft, als ich an Land kam, dass ich kaum merkte, dass die kleinen Kinder Deutsch sprachen.

In seinem Reisebuch „Umrisse einer Reise von Copenhagen nach dem Harze, der Sächsischen Schweiz und über Berlin zurück", 1839 in Berlin erschienen, heißt es:

Es fehlte übrigens wenig, so hätten wir den Ausfluss der Trave nicht gefunden; ein dicker Nebel hatte sich über die ganze Küste gelagert; doch das Glück war mit uns, wir trafen die richtige Stelle, segelten hinein und das ganze Nebelland blieb hinter uns.

Es war als wallte ein Vorhang auf. Im Vordergrunde lag das hübsche Badehaus und der hohe Leuchtturm; ringsum dehnten sich grüne Felder und Wald; uns entgegen strömte das warme Sonnenlicht. Daheim in Dänemark knospete es kaum im Gehölz da wir ab-

segelten; welch merklicher Übergang! Zur Linken erstreckte sich die Halbinsel Priwall, wo die Herden halb im Wasser gingen, und uns das lebendes Pottersches Bild – Andersen kommt hier wohl der holländische Maler Paul Potter (1625–1654) in den Sinn, der größte Tiermaler der holländischen Schule – mit dem großen Lufthintergrunde und herrlichen Tiergruppen veranschaulichte. Zur Rechten lag Travemünde mit seinen roten Dächern; ringsum aus den Fenstern hatten Männer und Weiber von fern die Köpfe gesteckt: sie sahen von ferne recht hübsch aus.

Die Trave ward schmäler; das Dampfschiff schien ihr ganzes Bett ausfüllen zu wollen; bald sahen wir das siebentürmige Lübeck zwischen den Matten und dem Walde heraufauchen; allein es spielte wunderlich Versteckens, bald war es hier, bald dort – und bald – ja wer könnte das beschreiben? – lags unter dem grünen Ufer, welches die Natur mit Gehölz und üppigen Graswuchs bedeckt hat. Die vielen Biegungen veranlassen, dass man nicht recht weiß; ob man von oder zur Stadt fährt. So segeln wir auch auf dem großen Strom des Lebens, denn da sind wir so kindisch zu klagen, ja auch am Steuermanne zu verzweifeln, denn das Ziel unserer Wünsche spielt mit uns, wie Lübeck Ver-

stecken; doch machten wir den richtigen Weg, allein wir kennen nicht des Stromes Lauf, da wir auf des Lebens Trave nur einmal segeln. Welch abwechselnd Gemälde, welch lebendiges Idyll gewährt nicht die ganze Gegend. Hier bildet der Fluss eine kleine Bucht, hier ist eine Fischerstätte; die Netze hangen zwischen Bäumen in der Sonne ausgespannt; gerade vor uns erhebt sich ein Dorf mit seiner Kirche und im Flusse selbst rauscht durch die grünen Binsen das Dampfboot, welches unter anderen Gegenständen einen Poeten an Bord hat, und wo ein Poet sich befindet, der stets der Natur ihre beste Ansicht abgewinnt, denn Natur ist eine Dame, und zwar eine alte Dame; sie war vor Methusalem, sie will gefallen; sie möchte bewundert, und was am wirksamsten bei ihr ist, besungen werden; ich habe mich nun einmal darauf gesetzt; sie soll nun keinen Gesang haben, und also bekommt sie keinen.

Das ehrwürdige Lübeck atmete noch ganz den Geist einer Handelsmetropole. Große Backsteinkirchen und repräsentative Giebelhäuser künden bis auf den heutigen Tag von der Größe und Bedeutung Lübecks als Stadtrepublik und Königin der Hanse. Vor allem die Marienkirche war Ausdruck und Anspruch bürgerlicher Repräsentation, sie sollte zum Vorbild für die großen Backsteinkirchen im gesamten Ostseeraum werden. Andersen beobachtete:

Unter den spitzgieblingen Häusern, engen Seitengässchen und unter den historischen Erinnerungen glaubt man sich hier um Jahrhunderte zurückversetzt; diese eckigen Gebäude, diese Steinbilder am Rathause, die gemalten Glasscheiben hier an der alten Kirche, an welcher wir vorbeigingen, sehen noch so aus, als könne Jorgen Wollenweber hier noch ein kräftiges Wort mit dreinreden; das Offenstehen der Kirche bringt auch auf die Idee des Katholizismus, und manches Bild aus jener Zeit spricht, wenn es auch kein Kunstwerk ist, uns doch durch seine poetische Idee oder sein Alter an.

Hans Christian Andersen besichtigte – wie Joseph von Eichendorff vor und Theodor Fontane nach ihm – in der Marienkirche auch den um 1460 entstandenen Totentanz von Bernt Notke. In Andersens Philosophie des Reisens ist der Mensch nicht nur im eigentlichen Sinne lebendig, wenn er reist. Vielmehr hat darin auch das Sterben als „letzte Reise" seinen Platz:

O reisen, reisen ist doch das glücklichste Los! Darum reisen wir auch alle. Alle reisen ins Universum; selbst der elendeste Mann besteigt des Gedankens beflügelt Ross, und wird er alt und schwach, dann nimmt der Tod ihn doch auf die Reise, die große Reise, die wir alle machen.

Marienkirche, Holstentor, rechts daneben die Salzspeicher und viele „spitzgieblige Häuser": So präsentierte sich die ehrwürdige Hansestadt dem dänischen Märchendichter.

Lübeck ist als Inbegriff der Backsteingotik Teil des UNESCO-Weltkultur-erbes geworden. Ihr größter Bau ist die Marienkirche, Mutter-schiff der Backsteingotik im gesamten Ostseeraum. Ihre Türme, um 1350 vollendet, ragen 125 Me-ter in den Himmel über der Stadt. Nach dem Zweiten Weltkrieg wurde der Bau restauriert.

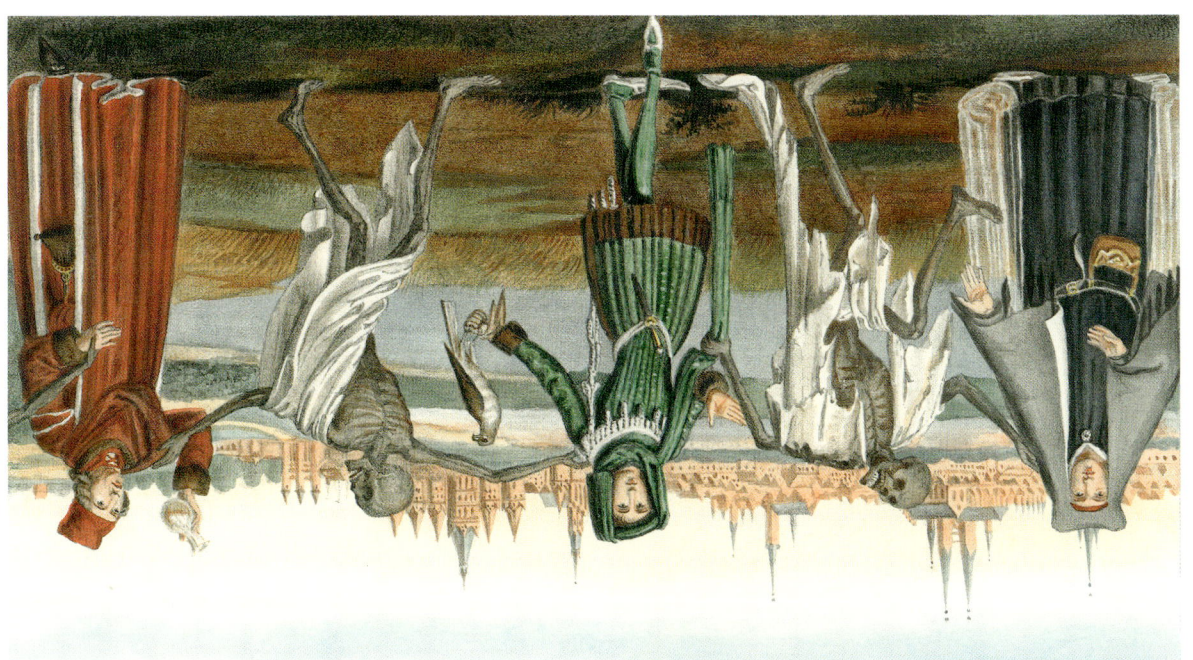

In der Marienkirche unwiederbringlich zerstört, in einer Lithographie nach einer Zeichnung von Carl Julius Milde überliefert: Ausschnitt aus dem Totentanz vor Lübecker Silhouette …

So gesehen erscheint der Lübecker Totentanz wie das mittelalterliche Bildprogramm für die „letzte Rei-se" eines jeden – vom Säugling bis zum Papst.

Ich war in der Marienkirche und sah das berühmte astronomische Uhrwerk und dann noch den berühm-ten Zyklus von Bildern, welche man Totentanz nennt. Jeder Stand, jedes Alter vom Papst bis zum Kinde in der Wiege sieht man hier vom Tode zum Cotillon auf-gefordert und alle im Gewande der Zeit, worin sie ge-malt wurden, was ums Jahr 1463 gewesen sein soll: unter jeder Person steht ein plattdeutscher Vers, ein Gespräch unter den Tanzenden, welches indess nicht die alten ursprünglichen Reime, sondern neuere poeti-sche Versuche vom Jahre 1701 sind. Mich dünkte, der Maler habe in des tanzenden Klapperbeins Antlitz ein ironisches Lächeln gelegt, welches mir und der gan-zen Gesellschaft, welche hier stand und ihre Bemer-kungen über ihn machte, sagen zu wollen schien:

Ihr glaubt nun Ihr ständet still, oder spaziert höch-stens in der Marienkirche umher, um euch die alten Bilder zu besehen; euch hat doch der Tod zum Tanz bereits aufgefordert und so tanzt ihr bereits alle mit mir. Von der Wiege an beginnt der große Tanz. Das Leben gleicht der Lampe, welche schon auszubrennen beginnt, wenn sie angezündet wird. So alt ein jeder von euch ist, solange habe ich mit jedem getanzt; ein jeglicher seine Touren; der eine hält das Tanzen län-ger aus als der andere; allein das Licht erlischt gegen die Morgenstunde, und nun sinket ihr alle ermüdet in meine Arme – das nennt man sterben. Ringsum an den Wänden standen Epitaphien und in den Gängen lagen

Grabsteine mit unleserlichen Grabschriften und halb ausgelöschten Herren und Frauen; so sah ich einen großen Stein mit einem mannhaften Ritter darauf, wel-cher das lange Schlachtschwert in der Hand hielt und gleichwohl duldete, dass das neue Geschlecht ihm auf die Nase trat, so, dass die Züge seines Angesichts und sein langer Bart fast verwischt waren. Er und alle die-se stillen Nachbarn, deren Namen nun, wie ihre In-schriften verschwunden sind, haben sich einmal lustig da droben in der alten Stadt umhergetummelt, man-chen Spaziergang auf dem grünen Walle gemacht, die Vöglein singen hören und an Unsterblichkeit gedacht. – Das alte Rathaus steht noch da mit seinen kleinen Türmen und dem großen Hansesaale. Der Markt liegt zwischen jenem und der Kirche, darauf tummelt sich das neue Menschengewimmel umher. Aus der Marien-kirche ging ich hinaus in die große Gotteskirche, wel-che noch auf eine andere Weise groß und alt ist; das ist ein Gewölbe, welches noch predigen wird, wenn al-les Übrige schweigt; die Häuser auf beiden Seiten der Straßen kommen mir vor wie Stuhlreihen, wie gekauf-te oder gemietete Familienstühle, worin auch das Hausgesinde Platz hat. Ein Donnerwetter, welches über uns herausgezogen war, begann inzwischen seine Predigt, welche nur kurz war, aber in deren Sprache doch viel lag.

In Gesellschaft eines Dänen und zweier Norweger verließ ich abends das alte Lübeck. Die Sonne ging so schön unter; der grüne Wald duftete; es war eine Lust! Wie viel Poesie doch in so einem stillen Abend liegt! Die Landstraße, auch sie war in ihrer Art poetisch,

... und vor ankernden Kauffahrteischiffen, wie sie zur Handelsmetropole Lübeck passten.

kam mir vor als der Weg zum Parnaß, höckricht und uneben; Gott weiß, wie so viele darüber hinwegkommen, ohne den Hals zu brechen, denn der eine wälzt sich über den andern; ich war selbst einmal nahe daran. Mit gesunden Gliedern gelangten wir alle am Morgen nach Wandsbeck. Hier lebte und dichtete Claudius.

Hans Christian Andersen erwies dem als „Wandsbecker Boten" berühmt gewordenen Matthias Claudius (1740–1815) seinen Respekt, indem er seinem Buch über die Deutschlandreise einen Claudius-Gedanken voranstellte und ironisch-kokett komplettierte:

Wenn jemand eine Reise tut, so kann er was erzählen; sagt Claudius; ob dies aber jemand hören will, ist eine andere Sache.

Hans Christian Andersen fand wohlwollende Zuhörer und aufmerksame Leser. Zu ihnen gehörte der in Kopenhagen amtierende Minister Conrad Graf zu Rantzau-Breitenburg (1773–1845). Er war ein Vertreter des gebildeten holsteinischen Adels, der sich dem dänischen König als Landesherrn loyal verbunden fühlte. Rantzau-Breitenburg war kunstsinnig und hatte Gefallen an Andersens Dichtung gefunden. Er lernte ihn kennen und schätzen, öffnete ihm in Kopenhagen so manche Tür und verschaffte dem Dichter ein entsprechendes Entree. In den Jahren 1840 und 1843 stattete der Erzähler dem Grafen Besuche auf der Breitenburg bei Itzehoe ab. Unter Dienstag, den 3. November 1840, notierte der Dichter über seinen Besuch auf dem Adelssitz in sein Tagebuch:

Ich stand um 8 Uhr auf; ich habe mich mit meiner Kleidung beschäftigt; nachdem ich Tee und Kaffee auf meinem Zimmer getrunken hatte, spazierte ich in dem schönen Schlossgarten, der von einem Kanal durch-

schnitten wird, hier Aussicht auf Itzehoe. Die Schlosskappelle sieht schön aus zwischen den hohen Bäumen ... Exzellenz führte mich in die Kapelle und darüber in eine Art Rittersaal, wo die Porträts aller seiner Vorfahren hängen; vom Turm hat man eine weite Aussicht auf die Gegend von Kellinghusen. (Gestern passierten wir einen Wald, der mit seinem braunen Laub ganz wie ein Kupferwald aussah, er wirkte ganz verzaubert, sodass das große Vieh, das uns auf dem schlammigen Weg begegnete, mir wie verwandelte Menschen vorkam, denn das eine musste ja dem anderen entsprechen.)

Im Jahre 1843 erschien erstmals auf Deutsch Andersens Buch „Eines Dichters Basar", in dem er Reiseerlebnisse und Reiseeindrücke mit Dichtung verwob. Auch in der Beschreibung der Reise zur Breitenburg wird die holsteinische Landschaft ganz märchenhaft erlebt und das Gesehene erscheint poetisch verwandelt:

Von der großen Landstraße zwischen Kiel und Hamburg lenkte mein Wagen seitwärts über die Heide; ich wollte einen Besuch auf Breitenburg machen. Ein kleiner Vogel flog mir zwitschernd entgegen, als wolle er mich willkommen heißen ... Es liegt Charakter und Poesie in der dänischen Heide. Der Sternenhimmel ist hier weit ausgespannt, hier schweben die Nebel im Sturm wie Ossians Geister, und in der Einsamkeit besuchen uns unsere heiligsten Gedanken. Gleich Waldgespenstern wachsen hier Gruppen verkrüppelter Eichen, mit Moos bedeckt bis an die äußersten Zweige. Ein ägyptisches Geschlecht mit gelbbrauner Haut und kohlschwarzen Augen führt hier sein Nomandenleben, kocht unter freiem Himmel das gestohlne Lamm und hält Hochzeit und Ball vor dem

Ende des 16. Jahrhunderts entstanden: die prunkvolle Rathaustreppe.

Angesichts der Türme und spitzen Giebel fühlte sich Andersen in Lübeck wie auf einer Reise in vergangene Jahrhunderte. Und das alte gotische Rathaus mit dem Renaissance-Vorbau mochte für Theodor Fontane ein Vorbild für die ganze Stadt sein: „Man könnte Lübeck das spitzthürmige Lübeck nennen. Alle Kirchen haben den hohen Thurm, außerdem aber findet sich an Thoren, Portalen, Dächern vielfach (oft fast klein – minarettartig) ein schlankes Spitzthürmchen angebracht.“

Der Brunnen mit der „künstlich", also kunstvoll, gearbeiteten Haube aus dem Jahre 1592 auf dem Breitenbur- ger Hof.

Hause, welches schnell aus Heidekraut errichtet ist, mitten auf der einsamen Heide. Nur langsam bewegte sich mein Wagen weiter in dem tiefen Sande; ich glau- be, man könnte von solcher Fahrt seekrank werden. Beständig fort durch öden, menschenleeren Gegenden – nur an einzelnen Häusern kommt man hier vorbei, aus deren offenen Pforten der Rauch hervorwirbelt ... Nicht e i n e n Menschen begegneten wir, nicht e i n Hirte war sichtbar; fast könnte man glauben, das alles schlafe oder durch einen Zauber gefesselt liege. Erst am Nachmittage eröffnete sich eine üppige Land- schaft; wir erblickten ein großes Gehölz, dem das braune Laub im Sonnenschein das Aussehen einer

kupfernen Waldung gab: es hatte etwas so gänzlich Feenhaftes, dass, als gerade eine große Herde Vieh aus dem Dickicht kam und uns mit großen Augen an- glotzte, ein ganzes Märchen vor mir aufging von der bezauberten Stadt in der kupfernen Holzung. Hinter dem Walde kamen wir durch ein großes Dorf, welches mich zwar nicht in das Land des Märchens führte, aber doch in ein anderes Jahrhundert versetzte. In den Häusern schienen Stall, Küche und Stube eins zu sein. Der Weg war tiefer Schlamm, in welchem große Feld- steine lagen. Es war malerisch genug und wurde es noch mehr, denn in der Mitte des dichten Gehölzes er- glänzte in der Abendsonne eine Ritterburg mit Turm und gezacktem Giebel, und zwischen dieser und uns schlängelte sich ein breiter und tiefer Fluss.

Wie ein edler Held aus der Märchenwelt erreichte Hans Christian Andersen in seiner Erinnerung den Schlosshof:

Die Brücke donnerte unter dem Hufschlag der Pfer- de; wir rollten durch Gehölz und Garten hinein in den offenen Burghof, wo die Lichter sich geschäftig hinter Fenstern bewegten, wo alles reich und gemütlich er- schien. Mitten im Hofe steht ein großer, alter Brunnen mit einem künstlich gearbeiteten Gitter; von diesem flog ein kleiner Vogel empor, – es war gewiss dersel- be, der mir sein Willkommen entgegenzwitscherte, in- dem ich über die Heide fuhr; er war vor mir angelangt, hatte meine Ankunft gemeldet, und der Besitzer der Burg, der edle Rantzau, führte seinen Gast in ein ge- segnetes Haus; die Speisen dampften, der Champag- ner knallte! – Ja, es war gewiss Zauberei! Eine kahle Heide, ein kupferner Wald, und dahinter ein gastfreies Schloss mit schönen Bäumen, duftenden Bäumen und Blumen neben den weichen Divans. Es war Zauberei!

Andersen erkundete die Umgebung:

In der ewig jungen Natur ringsumher schwelgte ich in alten Erinnerungen. Vom hohen Turme des Schlos- ses schaute ich weit hin auf das üppige Marschland, wo im Sommer das fette Vieh bis über den Bauch im Grase geht; ich schaute auf die vielen Waldungen, in denen Ansgarius gewandert und den dänischen Hei- den Christi Lehre gepredigt; daran erinnert noch ein kleines Dorf durch seinen Namen.

Gemeint ist das Dorf Willenscharen an der Stör. Dort soll der Überlieferung nach Ansgar (801–865), Erzbischof von Hamburg und Bremen und Missionar Skandinaviens, gelebt haben. Im Ortsnamen Willen- scharen klingt noch das lateinische Villa Ansgarii nach. In Johannes von Schröders „Topographie des Herzogthums Holstein, des Fürstenthums Lübeck und der freien und Hanse-Städte Hamburg und Lübeck" von 1841 wird das bezweifelt, „weil kein alter Schrift-

*Die Thorvaldsen-Galerie
auf der Breitenburg.*

steller solches erwähnt". Aber Andersen ist sich sicher:

Dort hat sein Haus gestanden, hier lebte er. Die Kirche jenseits bei Heiligenstädten, wo die Erde hoch um die Mauer aufgeworfen, steht noch aus seiner Zeit; wie damals spiegelt sie sich in der Stör, dort wo er in seinem ärmlichen Fischerboot hinüberruderte nach dem kleinen Fußsteig zwischen dem Schilf. Ich wandelte im Schlossgarten unter den alten Bäumen an den Buchten der Kanäle. Holunderbüsche und Rosensträucher neigten sich über den Wasserspiegel, sich selbst in ihrer schönen Blüte zu sehen. Der Bauer auf den Deichen zog das Boot gegen den Strom. Der Jäger mit seinen Hunden nahm den Weg nach dem kupferroten Wald. Das Posthorn erklang, und es war, als erhielten Wald und Feld eine Stimme, als hüben sie den Todeshymnus des Herbstes: „Der große Pan ist tot!" an.

Als die Sonne untergegangen war, ertönten Gesang und Becherklang in der Burg. Ich wandelte durch den Saal, dessen dunkelrote Wände Basreliefs – das sind Flachreliefs, im Gegensatz zu Halb- oder Hochreliefs – von Thorvaldsen umschließen und die hübschen Büsten und Statuen hervorheben. Draußen lehnten sich der Rosenhecken blätterlose Zweige mit den roten Knöpfen an das Fenster, sie träumten bei dem Anblick

des Sommers im Saale, sie selbst seien auch noch jung und blühend, und jede Kapsel sei eine Knospe, die sich morgen öffnen werde .... der kleine Vogel zwitscherte: ‚Es ist doch schön im Norden!', aber dennoch flog der Vogel zu den warmen Ländern, und der Dichter tat dasselbe.

Conrad Graf zu Rantzau-Breitenburg gewährte Andersen nicht nur seine Gastfreundschaft auf der Breitenburg, sondern vermittelte 1844 auch eine Einladung nach Wyk auf Föhr, wo König Christian VIII. sich zum Badeurlaub aufhielt. Seit 1842 war Wyk das königliche Sommerziel und für Wyk begann dazumal die glanzvollste Zeit. Im Jahre 1819 wurde es zum ersten nordfriesischen Seebad, denn die Wyker mussten dringend nach neuen Einkünften Ausschau halten. Die große Zeit des Walfangs und des Robbenschlags war vorüber, und Napoleons Wirtschaftskrieg gegen die Engländer, die bis 1814 andauernde Kontinentalsperre, hatte auch den weltläufigen Nordfriesen geschadet. Über Odense und Apenrade reiste nun der Dichter an und machte Station in Flensburg, das ihm *höchst malerisch an dem großen Meerbusen gelegen* schien. In Andersens Tagebuch heißt es unter dem 28. August:

Fuhr um 2 Uhr nachts bei herrlichem Mondschein aus Flensburg heraus. Aber es war im offenen Wagen

39

Die Breitenburg, Mitte des 16. Jahrhunderts entstanden, ist ein prächtiger Adelssitz, der schon fast wie ein Schloss erscheint. Die Anlage ist später baulich umgestaltet worden.

„.... im nächsten Dorf
beginnt das Friesische":
Über Jahrhunderte waren
sprachliche und kulturelle
Vielfalt mit gesamtstaat-
lichem Patriotismus
vereinbar. In der ersten
Hälfte des 19. Jahrhun-
derts zerbrach der
Frieden.

sehr kalt. Die öde Gegend, der Gedanke an die grau-
lichen Wege, die mich erwarten würden, alles das erschien mir wie irgendwelche Vorboten. Es war so still,
ein einsamer Vogel pfiff auf der Heide, Wolken jagten
vorbei! Bei Tagesanbruch kamen wir zu einem Dorf
mit einem Wirtshaus. Bald wurde es Morgen. Die Heide blühte schön. Vorhin, bevor der Tag begann, sah
ich Vorboten des schlechten Weges. An verschiedenen
Stellen waren Bretter über den Weg gelegt worden, auf
denen die Fußgänger gehen konnten. An einer Stelle
war ein reiner Fluß, durch den wir hindurch mussten.
Wir passierten Stadum. Dort sprachen sie schlechtes

Deutsch. Plötzlich öffneten sie einen Schrank, und da
war ein Bett, in dem ein kleines Kind lag. „Na, du kleiner Strick, du hübscher Bengel", sagte ein Schneider
dort. Nun hörte ich, dass sie Dänisch sprachen. – „Ja,
das können wir alle", sagten sie, „aber im nächsten
Dorf beginnt das Friesische."

Von der Geest ging es nun in die flache Marschen-
landschaft:

Der Weg war aufgelöste Erde, die Pferde sanken
bei jedem Schritt tief ein. Und man musste hinauf auf
die Deiche, wo die Häuser in Lee lagen und wo man
darauf gefasst sein musste, hinunterzustürzen. Die

Wiesen standen unter Wasser, so dass sie wie richtige Seen aussahen. Das Ganze kam mir wie etwas Finnisches vor. Ganze Kornfelder standen nach dem Regen im Wasser. Falsche Bohnen wurden überall angebaut. – Die Häuser waren alle mit gebrannten Steinen gemauert, aber bemoost. Wenn ein Maler diese malen wollte, müssten alle Farben auf seiner Palette sein. Hier waren Schornsteine und keine großen Dielen wie auf Breitenburg. Alles sah hier ärmlicher aus. Es hatte offenbar nicht nur ertragreich und heftig geregnet, es gab wohl auch kräftigen Wind und starken Seegang. In Dagebüll sollte Andersen an Bord gehen und nach Föhr übersetzen: *Im Sturm vorgestern wäre das Dampfschiff mit dem Prinzen beinahe gestrandet. Claus Harms* – der berühmte Kanzelredner Harms (1778–1855) war Hauptpastor an der Kieler St.-Nikolai-Kirche und Propst – *wagte sich nicht an Land; die Wellenschläge waren zu stark. – Ein schrecklich langes Warten. Um 3 Uhr kam ich mit der Flut auf die Fähre (das Springen der Schafe). Wir fuhren eine Stunde hinüber. Die Insel sah freundlich aus, die Stadt reinlich.*

In Wyk bezog Andersen sein Quartier, noch abends suchte er das Königspaar auf und las ihm Märchen vor. *Der König lachte viel, und als ich ging, sagte er: „Danke für den Abend!"*

Andersen genoss das gesellschaftliche Leben im

Dampfschiff voraus: Ansicht von Föhr aus der Vogelperspektive.

Umfeld des Monarchenpaares. Man ging zum Frühstück, man speiste zu Mittag, hörte Klavier und ließ den Dichter vortragen. Und man unternahm Ausflüge in die nordfriesische Inselwelt.

Andersen notierte unter dem 31. August:

Um 12 Uhr ging ich an Bord des Dampfschiffs „Kiel", eingeladen von der Königin. Wir fuhren nach Oland, einer der größten Halligen. Ich kam ins letzte

Kristian VIII. Modtagelse i Vyk paa Før, Anno 1844.

Wyk auf Föhr war seit 1842 königliches Sommerziel: Prächtiger Empfang im Hafen.

43

Hans Christian Andersen beobachtete auf Föhr: „Überall gibt es Walfischzähne". Und Walkieferknochen bilden bis heute ein eindrucksvolles Gartentor.

Das Bild von Sievert Steenbock von 1843 zeigt: „Große Straße in Wyk z. Zt. des Aufenthalts der dänischen Königsfamilie 1842". Die Königsfamilie bewohnte das große Eckhaus.

Badeplatz auf Föhr. Kreidelithographie aus dem Jahre 1824.

Boot, und wir hatten ungefähr eine halbe Meile zu rudern. Als wir die Insel erreichten, wo ich von den Matrosen an Land getragen wurde, machte der König gerade kehrt. Ich lief los und sprang über die Kanäle – es sind damit die Gräben gemeint – und kam ganz warm zum König, der stehen blieb und mich bat, mir nicht nur den Kirchhof anzusehen, sondern auch in die Häuser zu gehen. Es würde später schon ein Boot kommen. – Ich lief nun an das Ende der Insel, wo das Meer bei der letzten Sturmflut ganze Stücke fortgerissen hatte. Dort war ein niedriger Steilhang. Verfaulte Särge stachen hervor, rundherum Menschenknochen, Schädel. Alles, was hier zum Vorschein kommt, wird gesammelt und tiefer im Lande begraben, bis das Meer wieder dorthin kommt und alles mitreißt. Das sind meist Seeleute. Sie können so in der Erde beigesetzt werden und dennoch Beute des Meeres werden.

Von etwas Regen abgesehen, genoss Andersen das *makellose Sommerwetter*. Ihm fielen auch die Relikte auf, die an das goldene Zeitalter der Inselfriesen erinnern, als die Männer zu Walfang und Robbenschlag ins Eismeer ausfuhren. Auf den Inseln gab es Navigationsschulen, die den Friesenjungen das elementare Rüstzeug für die Seefahrt beibrachten. Viele brachten es bis zum Kapitän, „Kommandeur" genannt, auf holländischen Schiffen. Ein Höhepunkt des Walfangs war das Jahr 1701: 207 niederländische Schiffe brachten den Ertrag von 2071 Walen an Land, 54 Hamburger Schiffe lieferten 544 Tiere. Etwa 3600 Nordfriesen nahmen auf diesen Schiffen am Walfang teil. 100 Jahre später lebten auf Sylt 20 Kommandeure, auf Föhr mehr als 50. Mitte des 19. Jahrhunderts, als Andersen

Föhr besuchte, war dieses goldene Zeitalter vorbei: Reifröcke waren aus der Mode, Fischbein für ihre Stützen wurden nicht mehr benötigt. Und in den Lampen verbrannte nun nicht mehr Tran, sondern Petroleum. Der aufmerksame Dichter sah auf dem Friedhof die ehrwürdigen Grabsteinc der Seefahrer: *Auf den meisten waren übrigens Schiffe.* Und: *Überall gibt es Walfischzähne. Die sehen aus wie große Zaunpfähle, grün und verwittert. Betrachtet man sie näher, sieht man, dass sie auf der einen Seite flach sind. Inwendig verwittern sie. Hier vor den Gärten von Wyk gibt es verschiedene. Draußen bei einem Feld gibt es einen ganzen Zaun davon.*

Der Tag der Abreise näherte sich. Noch einmal ging Andersen am Sonntagmorgen vor der Kirche in der Nordsee baden. Seinem Freund Edward Collin schrieb er:

Ich habe jeden Tag gebadet, und ich muss sagen, es ist das unvergleichlichste Wasser, in dem ich je gewesen bin. Es ist so salzig, dass die Tränen einem aus den Augen laufen, wenn man heraufkommt. Das Blut wird in die wunderbarste Bewegung versetzt, man brennt den ganzen Tag wie Feuer.

Es ist auch vergnüglich arrangiert, man kommt in ein kleines Badehäuschen hinein und während man sich auszieht, reitet ein Knecht ein Pferd, welches das ganze Haus weit ins Meer hinauszieht. Wenn dieses steigt, wird man hereingeholt, neulich kam die See so schnell, dass die Wellen direkt zu mir hereinschlugen. Ich musste die Flagge setzen, um den Knecht zu veranlassen, mich weiter hereinzuholen.

Am Montag, den 9. September 1844 hat Andersen Föhr wieder verlassen, aber seine Erlebnisse dort hat er zu Literatur verwandelt. Im Jahre 1848 vollendete er seinen Roman „Die zwei Baroninnen", in dem zwei auf einer Insel gestrandete Adlige Zeugen einer dramatischen Geburt werden. Die Mutter des Kindes stirbt, und die Edelleute beschließen, das Neugeborene an Kindes statt anzunehmen. Ein Teil der Handlung spielt an der schleswig-holsteinischen Westküste auf Föhr, Amrum und Oland. Und auch Begebenheiten, die Andersen selbst erlebt und in seinem Tagebuch niedergelegt hat, tauchen im Roman wieder auf. Dort heißt es etwa:

Hand in Hand wanderten sie über die Insel, die nur eine Viertelmeile breit ist. Einige Schafe liefen durch das niedrige Gras; sie wurden gestreichelt und freundlich angesprochen. Dann ging es weiter zum Meer, wo sich das alte Gräberfeld befand. Dort knabberte die Brandung an der flachen Küste, schnitt sich die Nordsee mit jedem Sturm ein Stück von der Insel. Überall ragten Trümmer von Särgen und menschliche Gebeine

aus dem Boden. Keike kroch bis zur Wasserkante und sammelte Knochen in ihre Schürze, die sonst bald weggespült worden wären. Sie wollte sie auf den neuen Friedhof bringen und wieder in die Erde legen, damit sie ruhen konnten, bis das Meer sie erneut erreichen würde.

Hans Christian Andersen hat den Inseln und Halligen dort ein literarisches Denkmal gesetzt. Er selbst genoss die Einladungen auf die Herrenhäuser und Schlösser des dänisch-deutschen Adels – vielleicht wäre auch der Schustersohn aus Odense zu gern von einem Adelspaar adoptiert worden? Und im Jahr 1848 zeigte sich, dass das friedliche Miteinander von Deutschen und Dänen und Friesen im Landesteil Schleswig unter dem Einfluss des Nationalismus ein baldiges Ende haben sollte. Andersen fühlte sich ganz und gar als Däne und war der deutschen Kultur zugetan. Und er fühlte, wie der Gegensatz zwischen deutsch und dänisch anwuchs.

Augenfällig wurde dies bei einem Besuch Andersens 1860 in Rendsburg. Er war auch vor der Erhebung, nämlich in den Jahren 1840, 1843 und 1844, schon in der Stadt gewesen. Rendsburg war die stärkste Festung in den Herzogtümern: Nördlich und südlich der Eider waren ab der zweiten Hälfte des 17. Jahrhunderts ausgreifende Festungsanlagen errichtet worden, das Kronwerk im Norden und das Neuwerk im

Ehrwürdige Grabsteine auf Föhr: Doppelgrabstein von Dirck Cramer († 1769) und seiner Frau Eycke Harrens († 1775) auf dem Kirchhof in Nieblum.

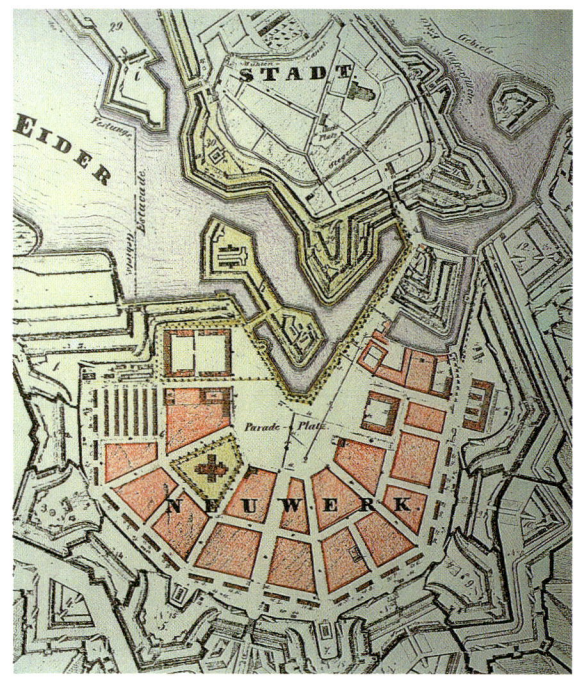

Grundriss der dänischen Festung Neuwerk südlich der Rendsburger Altstadtinsel.

Das Neuwerker Tor in Rendsburg vor dem Abbruch 1881.

schen Militärs und musste ein wenig indigniert in sein Diarium schreiben: *Angeblich hatte der Buchhändler hier keine dänischen Bücher.* Einige Offiziere schlugen ihm vor, vor den Soldaten einige Märchen zu lesen. Unter dem 7. Juni 1860 notierte er: *Aus Angst vor der Vorlesung schlecht geschlafen.* Und: *Das ganze Lokal war ... hübsch mit Dannebrogs dekoriert. Über einer Königsbüste hing eine große Fahne, und darunter war eine Tribüne mit Treppe für mich errichtet. Im Saal hatten Offiziere, Unteroffiziere und Corporale mit ihren Frauen Platz genommen. Die gemeinen Soldaten standen dahinter oder auf der Galerie. Bei meinem Erscheinen wurde ich als Dänemarks großer Dichter mit drei Hurras begrüßt.* Andersen las einige Märchen, wurde mit Blumen überhäuft und die Soldaten ließen ihn hochleben. Er schien beschwingt gewesen zu sein und vermerkte ausdrücklich: *Auch ein paar Deutsche hatten teilgenommen.* Umso mehr schreckte ihn die letzte Nacht in Rendsburg:

In der Nacht zum Freitag gegen ½ 2 weckte mich ein deutscher Gesang – ‚Gute Nacht‘. Ich befürchtete eine Demonstration der Bewohner und wartete auf Katzenmusik. Aber der Gesang verebbte langsam. Der Tenor-Sänger war wohl unter den deutschen – das heißt: deutsch sprechenden – Offizieren zu suchen ... Falls das Ständchen mir gegolten hatte, soll es mich unendlich als Zeichen einer freundlichen Gesinnung von Seiten der Bevölkerung freuen.

Am nächsten Morgen dann wurde der berühmte Märchendichter mit einem Ständchen des Musikcorps und mit großer Begleitung zum Bahnhof verabschiedet. Im Rendsburg des Jahres 1860 wurde demonstriert: Hans Christian Andersen war ein Botschafter der dänischen Kultur: *Der ganze Bahnhof war mit Dannebrogflaggen geschmückt. Viele Offiziere und eine große Menge Soldaten waren gekommen, um mir Lebewohl zu sagen. Der Bahnhofsvorsteher bot mir einen Platz in der ersten Klasse an, obwohl ich nur für die zweite gelöst hatte. Soldaten sangen ‚Wehe stolz auf Codans Wellen‘ und einige weitere dänische Lieder. Ein gemeiner Soldat bedankte sich im Namen seiner Kameraden für den gestrigen Abend. Ich war nahe daran, in Weinen auszubrechen. Zum Schluß brachte man mir zu Ehren noch ein dreifaches Hurra aus, während der Zug sich nach Altona in Bewegung setzte.*

Nach Rendsburg ist Hans Christian Andersen nicht wieder gekommen. Und die Zeit, in der deutsche und dänische Kultur in den Herzogtümern sich gleichberechtigt entfalten konnten, war nun endgültig vorüber.

Süden, um das dänische Reichsgebiet nach Süden abzusichern. Noch heute ist vor allem das Neuwerk erkennbar – mit Paradeplatz, Arsenalen, Provianthaus und Garnisonskirche. Hans Christian Andersen war zumeist auf der Durchreise. Nun, am 1. Juni 1860, traf er zu einem einwöchigen Besuch in der Festungsstadt ein und dokumentierte in seinem Tagebuch, was ihm dänisch vorkam: *In Frau Lönborgs Album schrieb ich: Hinter den alten Rendsburger Wällen wachsen lieblich die Herzrosen. Die dänische Gesinnung entfaltet sich hier wie bei Euch beiden.* Hans Christian Andersen verkehrte in der Eiderstadt vor allem mit däni-

Theodor Fontane:

„... für Schleswig-Holstein war ich vom ersten Augenblick an Feuer und Flamme gewesen." – Wanderungen an der Schlei

Spätestens seit Goethes „Italienischer Reise" im Jahre 1786 ist Italien das Sehnsuchtsziel vieler deutscher Künstler und Literaten. Nicht so allerdings für den märkischen Erzähler Theodor Fontane (1819–1898). So bekannte er: *Ich bin ein Nordlandsmensch.* Und als ein solcher hat er aufmerksam verfolgt, was sich zur Mitte des 19. Jahrhunderts im Norden Deutschlands abspielte. Seit dem Vertrag von Ripen aus dem Jahr 1460 regierte der dänische König auch Schleswig und Holstein – und zwar als Herzog in Personalunion. Die Herzogtümer sollten „ewich tosamende ungedelt" regiert werden. Das Herzogtum Schleswig war königlich dänisches Lehen, Holstein gehörte zum Heilig Römischen Reich Deutscher Nation. Diese Konstruktion ermöglichte den Menschen zwischen den Meeren im Großen und Ganzen ein friedvolles Leben. Das sollte nun anders werden. Die Revolution in Paris im Februar 1848 löste in ganz Europa revolutionäre Bewegungen aus. Auch im dänischen – und zugleich übernationalen – Gesamtstaat waren die Erschütterungen der Ordnung zu spüren. In Kopenhagen forderten die Nationalliberalen den Anschluss Schleswigs an Dänemark, in den Herzogtümern wurde der Ruf nach Selbstbestimmung, nach einer gemeinsamen Verfassung und nach der Aufnahme Schleswigs in den Deutschen Bund immer lauter. Auf beiden Seiten nahm die Dynamik der Entwicklung zu. Am 24. März 1848 proklamierte sich eine „Provisorische Regierung" in Kiel. Soldaten, Turner und Studenten machten sich mit der Bahn nach Rendsburg auf und nahmen die Kapitulation der dortigen dänischen Festung entgegen. Das war aus dänischer Sicht Aufruhr. Verhandlungen kamen nicht zustande – nun sollten die Waffen sprechen. Freiwillige eilten den Schleswig-Holsteinern zur Hilfe, der

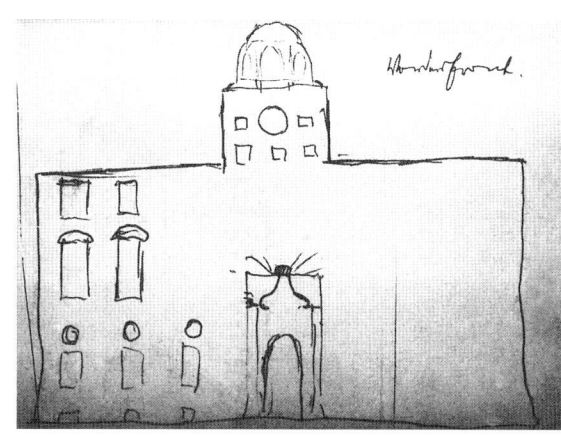

Schloss Gottorf wurde zum Namen einer Herzogsdynastie. Der repräsentative Südflügel mit 27 Fensterachsen wurde 1703 fertiggestellt. Fontanes Skizze des Schlosses fällt rudimentär aus.

Deutsche Bund erkannte die Provisorische Regierung an, und Fontanes Landesherr, der König von Preußen, schickte 12 000 Mann nach Jütland. Aber die europäischen Großmächte wollten Stabilität und erzwangen einen Waffenstillstand zwischen Dänemark und Preußen. Der war aber nicht von Dauer. 1849 flammten wieder Kämpfe auf, wieder machten die Großmächte Druck, wieder kam es zum Waffenstillstand. 1850 erkannte auch Preußen die Integrität Dänemarks an, das Herzogtum Schleswig wurde unter die Obhut einer dänisch-preußischen Kommission gestellt. Die Schleswig-Holsteiner fühlten sich verraten. Sie kämpften auf eigene Faust weiter und mussten am 25. Juli 1850 bei Idstedt eine schwere, folgenreiche Niederlage einstecken – die Träume von einem unabhängigen Staat Schleswig-Holstein außerhalb Dänemarks und innerhalb des Deutschen Bundes waren ausgeträumt. Die Schlacht bei Idstedt hatte viele Menschen erschüttert, auch den studierten Apotheker und angehenden Schriftsteller Theodor Fontane. Er schrieb später in seinem autobiografischen Werk „Von Zwanzig bis Dreißig":

Es ging hier auch alles zu meiner leidlichen Zufrie denheit weiter, bis der unglückliche Ausgang der Schlacht bei Idstedt mich mit einemmal aus meinem stillen und relativ glücklichen Tun und Treiben herausriß. Ich erinnere mich keines anderen Außenereignisses, das mich so getroffen hätte; ich war wie aus dem Häuschen. In einem richtigen politischen Instinkt hatte ich die Herzogtümerfrage, solange sie »Frage« war, in ihrer ganz besonderen Wichtigkeit erkannt; all die Katzbalgereien in Deutschland, offen gestanden selbst die Schicksale des Frankfurter Parlaments, hatten mich vergleichsweise kalt gelassen, aber für Schleswig-Holstein war ich vom ersten Augenblick an Feuer und Flamme gewesen und hatte die preußische Politik, die dies alles in einer unglaublichen Verblendung auf den traurigen »Revolutionsleisten« bringen wollte, tief beklagt. Mein ganzes Herz war mit den Freischaren, mit »von der Tann« und Bonin, und als dann später General Willisen an die Spitze der schleswig-holsteinschen Armee trat, übertrug ich mein Vertrauen auch auf diesen; die Deutschen mußten siegen. Und nun Idstedt! Ich war ganz niedergeschmettert, und etliche Tage danach befand ich mich auf dem Wege nach Kiel, um in eins der regelrechten Bataillone einzutreten.

Aus Hamburg schrieb er nun unter dem 28. Juli 1850 in einem Brief:

Die Nachricht vom Rückzug der Schleswig-Holsteiner machte einen mächtigen Eindruck auf mich; ich beschloß zu reisen und habe das ... heute früh ausgeführt ... Ich wollte eigentlich gleich bis Kiel, sodaß ich Hamburg nur passiert hätte; auf der letzten Station aber überlegt' ich mir die Sache anders. Der Zweck meiner Reise ist doch mal der, dem Kriegsschauplatz möglichst nahe zu sein, ich bin aber in Kiel ziemlich eben so weit entfernt davon wie hier. So habe ich beschlossen, hier erst auszuhorchen, und dann – wenn mir der rechte Augenblick gekommen zu sein scheint – auf die Ereignisse, noch während sie sich machen, los zu stürzen. Es könnte somit kommen, dass ich Kiel ganz aufgebe und lieber nach Rendsburg gehe.

Die Frage liegt Dir nah, was ich denn eigentlich da will. Leider kann ich sie Dir nicht beantworten, ich weiß es selbst nicht.

Könnt' ich dem Zug meines Herzens folgen, so nähme ich einfach den Kuhfuß zur Hand und träte ein in Reih und Glied.

Aber es sollte ganz anders kommen. Fontane in „Von Zwanzig bis Dreißig":

Gleich nach meinem Eintreffen in Altona, wo ich Station gemacht und im Hause eines kleinen holsteinschen Schulmeisters Quartier genommen hatte, traf mich ein mir aus Berlin nachgeschickter Brief mit Amtssiegel. Solche großgesiegelte Schriftstücke haben immer etwas Ängstliches für mich gehabt, und ich überlegte, was ich verbrochen haben könnte. Zuletzt

Der Flaneur Fontane schätzte die malerische Lage Schleswigs. Das Schloss ist im Hintergrund zu sehen und der hohe Turm des Doms fehlt noch. Er entstand erst in Zeiten Kaiser Wilhelms II.

Herrenhaus Louisenlund am Ufer der Schlei gelegen und von der Parkseite aus gesehen.

Der bedeutendste Profanbau Schleswig-Holsteins war in Fontanes Augen zwar stattlich, „aber ohne all und jede Schönheit". Schloss Gottorf – niederdeutsch und dänisch: Gottorp – beherbergt heute die Sammlungen der schleswig-holsteinischen Landesmuseen.

Steht seit 1666 im Schleswiger Dom: der Bordesholmer Altar. Er entstand zwischen 1514 und 1521 und ist 12,60 Meter hoch. Das Aquarell von C. N. Schnittger entstand 1882.

Amtsrichter und Schriftsteller Theodor Storm (1818–1888) an, der vor den Dänen nach Potsdam geflohen war.

Der politische Streit um Schleswig-Holstein war auch nach der Niederschlagung der Erhebung nicht beigelegt. Im Jahre 1863 entbrannte der Streit um die Vorherrschaft erneut. Nun kam der preußische Ministerpräsident Otto von Bismarck (1815–1898) ins Spiel. Er hatte eigene Ziele und beim Silvesterpunsch 1863 bemerkt: „Die Up-ewig-Ungedelten müssen einmal Preußen werden. Das ist das Ziel, nach dem ich steuere; ob ich es erreiche, steht in Gottes Hand. Die Halsstarrigkeit der Dänen wird uns wahrscheinlich verschaffen, was wir brauchen, nämlich den Kriegsfall." Und so sollte es auch kommen. Dänemark reagierte nicht auf Appelle des Deutschen Bundes. Am 1. Februar 1864 überschritten preußische und österreichische Truppen, etwa 56 000 Mann, die Eider. Die entscheidende Schlacht wurde am 18. April 1864 an den Düppeler Schanzen nahe dem heute dänischen Sonderburg geschlagen. Dänemark musste sich geschlagen geben und Schleswig und Holstein an Preußen und Österreich zur gemeinsamen Verwaltung abtreten.

Theodor Fontane arbeitete inzwischen in der Redaktion der konservativ-reaktionären Berliner Kreuz-Zeitung. Er machte sich für sieben Tage nach Schleswig-Holstein auf den Weg, um aus dem Krieg zu berichten, um Düppel und Sonderburg zu besuchen. Die Kampfhandlungen waren freilich schon vorbei, als er eintraf. Über Altona und Pinneberg, Neumünster und Elmshorn kam er nach Kiel, das wenig Eindruck auf ihn machte. Auch die Stadt an der Förde stand noch im Zeichen des Krieges. Fontane beobachtete:

Die ganze Jugend spielt Soldat. Auf allen Plätzen starke Trupps, sie sind erfindrisch und haben eine Phantasie Uniform von allem was ihnen am besten Gefallen hat: schwarze Papp-Cylinder aus denen der rothe Husaren-Kolpack hängt, dazu Lanzen von den Ulanen und Trommeln von der Infanterie, auf drei Mann immer ein Fahnenträger mit blau weiß roth in den Lüften.

Ziel der Weiterreise war die Stadt Schleswig im gleichnamigen Herzogtum. In seinen Reisenotizen schreibt er über den 21. Mai 1864:

Gegen 1 Uhr Ankunft in Schleswig. Die Lage ist hübsch und ziemlich malerisch; zuerst nach Schloß Gottorp. Schloß Gottorp ist ein sehr stattlicher Bau, aber ohne all und jede Schönheit. Ziemlich schlimme Renaissance ohne Roccoco zu sein. Seine historische Erinnerung das Beste. Es liegt auf einer Insel (wohl zum Theil künstlich) und nach der Front hin fällt das Erdreich in Böschungen ab … In Schloß Gottorp …

aber half kein Zögern, und ich erbrach das Schreiben. *Es enthielt die Mitteilung seitens meines väterlichen Freundes und Gönners W. von Merckel, daß ich im sogenannten »Literarischen Bureau« des Ministeriums des Innern eine diätarische Anstellung gefunden hätte. Das war eine große Sache. Der Mensch bleibt ein Egoist. Idstedt hatte mich aufrichtig erschüttert, und das Schicksal der beiden „ungedeelten" lag mir nicht bloß redensartlich am Herzen; aber in diesem Augenblick siegte doch das Ich über das Allgemeine. Zwei Briefe schrieb ich noch in selber Stunde, von denen der eine an W. von Merckel gerichtete dankbarst akzeptierte, während der andre im Telegrammstil lautete: »Schleswig-Holstein aufgegeben. Wenn dir's paßt, im Oktober Hochzeit.«*

Bei Fontane hatte vorerst das Private Vorrang – nun winkte eine feste Anstellung im preußischen Innenministerium und – die Existenz dergestalt gesichert – die Hochzeit. Die Verbindung zu Schleswig-Holstein blieb jedoch, Fontane freundete sich mit dem Husumer

tragen Thüren und Tafeln in der Vorhalle noch zum Theil dänische Inschriften und erinnern an die alten Herrscher.

Um 2 Uhr Gang durch die Stadt. Sehr lang, eigentlich eine Straße an der Schlei hin. Die Häuser zur Linken stehen vielfach an Hügelabhängen, an deren Fuß die Straße hinläuft, so dass man, wenn man aus der Thür der Häuser tritt, noch einen kleinen gepflasterten Abhang passieren muß, eh man in die Straße tritt.

Im Stundentakt erkundet der Berichterstatter und Autor der „Wanderungen durch die Mark Brandenburg", eines Klassikers der deutschen Reiseliteratur und Fundament für das nachfolgende erzählerische Werk Fontanes, die Landschaft an der Schlei:

Um 3 ½ zu Boot (Dampfschiff) um nach Missunde und nach Cappeln zu fahren. Die Ufer schön, aber nichts besondres. Der Nordwest macht, dass wir Fahrt aufgeben und uns entschließen, ebenfalls in Louisenlund an Land zu gehen, wohin fast alle Passagiere wollten, um dem Prinzen Friedrich Carl (der in Louisenlund sein Hauptquartier hat) ihre Huldigungen durch Blumen, weißgekleidete Jungfrauen etc. darzubringen. Diese weißgekleideten Jungfrauen befanden sich mit uns an Bord; einige recht hübsch, alle munter, manierlich und ohne jede dumme Ziererei, meist richtig Bürgertöchter ...

Missunde war für den Berichterstatter Fontane von besonderer Bedeutung, weil dort die Preußen Anfang Februar 1864 über die Schlei setzten.

Louisenlund, an einer Schleibucht gelegen, ist nicht übel ... Die Umgebungen (Buchenwald etc.) sind reizend genug; am Schloß selbst ist eine gewisse Anspruchslosigkeit das Beste. Freundlich, hell, still, geborgen, hübsche Blicke auf Wasser und Wald, sonst aber ausgerüstet mit dem Stempel charakterloser Langerweile.

In Louisenlund wurde Fontane Augenzeuge einer regionalpatriotischen Demonstration mit durchaus komischen Seiten:

Alle sammeln sich 1000 Schritt hinter dem Schloß vor einem Försterhause, wo auch solche sich einfanden, die zu Fuß oder zu Wagen von Schleswig gekommen waren: Gewerke, Turner, Sängerverein, Schleswig-Holsteinische Kampfgenossen, alle mit Fahnen und Emblemen, dazu die Musik der 35er.

Um 6 Uhr setzte sich der Zug in Bewegung. Das Musikcorps voraus. Der Zug war sehr hübsch durch die Fahnen. Man marschirte vor das Schloß. Die Damen in weiß mit blau-weiß-roten Schärpen, die sehr hübsch aussahen, standen die Rampe zunächst; so bildete sich ein weiter Halbkreis. Ein Singrufer intonierte, dann alles still. Kein Prinz! Endlich erschien der

Sprecher (Burgfeldt) und sagte: „Die Damen werden gebeten." Er führte nur die Damen in die oberen Zimmer. Hier wurden sie von Moltke empfangen. Kein Prinz da. Die Damen erschienen wieder. Endlich auch der Sprecher, er sagte: „es sei schmerzlich etc. aber nichts destoweniger ein Hoch." Er war übrigens ersichtlich aigrirt – also gereizt. Dann ging es mit „Schleswig-Holstein" wieder zurück. Der Prinz war in dem Augenblick in den Wagen gestiegen und fortgefahren, wo der Zug sich in Bewegung gesetzt hatte.

Nun Rückmarsch zu Fuß am Schlei-Ufer hin bei heftigem Nordwest gerade ins Gesicht. Ein toller Marsch. Endlich Anschluß an die 6 oder 7 Philister – Spießbürger –, *die Lieder singend auch nach der Stadt zurückmarschirten. Zwischen den Knicks ging es ganz gut.*

Die Schleswig-Holsteiner finden in Fontane allerdings keinen unkritischen Verbündeten:

Das ganze hat doch einen Anflug von Krähwinkelei selbstüberheblicher Selbstbespiegelung und Überschätzung, dazu furchtbare Phrasenherrschaft, weil der geistige Gehalt nicht groß ist. Daß diese Krähwinkelei weniger hässlich auftritt als in manchen mitteldeutschen Gegenden ... hat darin seinen Grund, dass die Leute in guten Verhältnissen leben. Erst wenn sich zur Krähwinkelei die ängstlich-sächsische Pfenningwirtschaft, das dumme Beriechen etc. gesellt, wird sie absolut unerträglich. – Unter den Liedern, die die Leute sangen, waren die bloßen Marschir-Lieder die besten; die schwungvoll sein wollenden waren alle entsetzlich, ebenso die Spottlieder auf Hannemann. Diese Verspottung der Dänen – wenn zum Theil auch begreiflich – ist doch ein hässlicher Zug. Haß laß ich mir gefallen; aber die Dänen zu verspotten, ich bezweifle dass die Schl.-Holst. ein Recht dazu haben ...

Nach 10 endlich in Esselbachs Hotel. Zu Abend gegessen; todmüde zu Bett.

In Schleswig sammelte der geübte Reiseschriftsteller eine Vielzahl von Eindrücken, unter dem 23. Mai notierte er:

Regenwetter. In den Schleswiger Dom. Sehr schön. Der berühmte Schnitzaltar. Die Kette und das rothe Stückchen Mütze nur noch sehr klein; bis 1850 war es viel größer, die Dänen haben aber kleine Erinnerungsschnipsel mitgenommen – so wird's immer kleiner. Das Christuskind im weißen Hemdchen.

Neben dem Altar links: die große Grabkammer der Herzöge; vor dem Altar rechts: König Friedrich I., ein schönes Monument; rechts vom Altar im Seitenschiff die Grabkammer des Generals von Arenstorff (in dänischen Diensten). Rundum an der Wand der Seitenschiffe laufen, nach außen zu, die Grabkammern alter reicher Familien, darunter der Reventlows und anderer.

Blick von der Höhe bei der Düppeler Mühle, die zum Wahrzeichen geworden ist. Am 18. April 1864 unterlag Dänemark hier den preußischen Truppen: In der Folge wurden nach 400 Jahren Schleswig und Holstein aus ihrer Verbindung mit Dänemark gelöst.

Düppel, Schanze Nr. 4.
Erinnerungsfoto
der Schlacht aufgenom-
men vom Fotografen
Friedrich Brandt.

Die im Gefecht um
Düppel zerstörte Mühle.

Um 11 Uhr nach Klosterkrug zurück, von dort nach Flensburg.

Von Flensburg aus besuchte Fontane die Düppeler Schanzen und Sonderburg, um dann über Altona und Hamburg wieder nach Berlin zurückzukehren. Über Düppel dichtete er im Mai 1864:

Der Tag von Düppel

Still!
Vom achtzehnten April
Ein Lied ich singen will.
Vom achtzehnten – alle Wetter ja,
Das gab mal wieder ein Gloria!
Ein »achtzehnter« war es, voll und ganz,
Wie bei Fehrbellin und Belle-Alliance,
April oder Juni ist all einerlei,
Ein Sieg fällt immer in Monat Mai.

Um vier Uhr morgens der Donner begann!
In den Gräben standen sechstausend Mann,
Und über sie hin sechs Stunden lang
Nahmen die Kugeln ihren Gang.
Da war es zehn Uhr. Nun alles still,
Durch die Reihen ging es: »Wie Gott will!«
Und vorgebeugt zu Sturm und Stoß
Brach das preußische Wetter los.

Sechs Kolonnen. Ist das ein Tritt!
Der Sturmmarsch flügelt ihren Schritt;
Der Sturmmarsch, – ja tief in den Trancheen
Dreihundert Spielleut' im Schlamme stehn.

Eine Kugel schlägt ein, der Schlamm spritzt um,
Alle dreihundert werden stumm –
»Vorwärts!« donnert der Dirigent,
Kapellmeister Piefke vom Leibregiment.

Und »vorwärts« spielt die Musika,
Und »vorwärts« klingt der Preußen Hurra;
Sie fliegen über die Ebene hin,
Wer sich besänne, hätt's nicht Gewinn;
Sie springen, sie klettern, ihr Schritt wird Lauf –
Feldwebel Probst, er ist hinauf!

Er steht, der erst' auf dem Schanzenrück,
Eine Kugel bricht ihm den Arm in Stück:
Er nimmt die Fahn' in die linke Hand
Und stößt sie fest in Kies und Sand.
Da trifft's ihn zum zweiten; er wankt, er fällt:
»Leb wohl, o Braut! leb wohl, o Welt!«

Rache! – Sie haben sich festgesetzt,
Der Däne wehrt sich bis zuletzt.
Das macht, hier ficht ein junger Leu,
Herr Leutnant Anker von Schanze zwei.
Da donnert's: »Ergib dich, tapfres Blut,
Ich heiße Schneider, und damit gut!« –
Der preußische Schneider, meiner Treu,
Brach den dänischen Anker entzwei.

Und weiter, – die Schanze hinein, hinaus
Weht der Sturm mit Saus und Braus,
Die Stürmer von andern Schanzen her
Schließen sich an, immer mehr, immer mehr,
Sie fallen tot, sie fallen wund, –
Ein Häuflein steht am Alsen-Sund.

Palisaden starren die Stürmenden an,
Sie stutzen; wer ist der rechte Mann?
Da springt von achten einer vor:
»Ich heiße Klinke, ich öffne das Tor!« –
Und er reißt von der Schulter den Pulversack,
Schwamm drauf, als wär's eine Pfeif' Tabak.
Ein Blitz, ein Krach – der Weg ist frei –
Gott seiner Seele gnädig sei!
Solchen Klinken für und für
Öffnet Gott selber die Himmelstür.

Sieg donnert's. Weinend die Sieger stehn.
Da steigt es herauf aus dem Schlamm der Trancheen,
Dreihundert sind es, dreihundert Mann,
Wer anders als Piefke führet sie an?
Sie spielen und blasen, das ist eine Lust,
Mit jubeln die nächsten aus voller Brust,

Und das ganze Heer, es stimmt mit ein,
Und darüber Lerchen und Sonnenschein.

Von Schanze eins bis Schanze sechs
Ist alles deine, Wilhelmus Rex;
Von Schanze eins bis Schanze zehn,
König Wilhelm, deine Banner wehn.
Grüß euch, ihr Schanzen am Alsener Sund,
Ihr machtet das Herz uns wieder gesund! –
Und durch die Lande, drauß und daheim,
Fliegt wieder hin ein süßer Reim:
»Die Preußen sind die alten noch,
Du Tag von Düppel lebe hoch!«

Im September 1864 war Theodor Fontane dann aber-mals im Norden unterwegs, besuchte Kopenhagen und durchstreifte vor allem Dänemark. Auf jener Hinreise kam er auch durch Lübeck, wo er durch die Stadt fla-nierte und nicht nur Augen für Dienstmädchen und Marktfrauen hatte: *Die Stadt hat allerdings noch einen gothisch-mittelalterlichen Charakter; selbst unter den neuen oder doch neu erscheinenden Häusern haben viele noch den Zacken-Giebel nach vorn. Die Kirchen sind alle aus Backstein und ihre Thürme haben alle die Nadel (Zuckerhutsform); diese völlige Ueberein-stimmung, dies alles aus einem Guß sein macht einen sehr guten Eindruck. Es ist stylvoll.* Auf der Rückreise nach Berlin machte er einen Besuch beim *geehrten Freund, Dichter und Hardesvogt* Theodor Storm in Husum.

Auf zwei Reisen durch Jütland hatte sich Theodor Fontane nun aufgeladen mit geografischen und kultu-rellen Eindrücken, hatte die Schauplätze des Krieges besichtigt, kaum dass der Pulverdampf sich verzogen hatte. Im Februar des darauffolgenden Jahres machte sich der Berichterstatter dann an sein Buch „Der Schleswig-Holsteinische Krieg im Jahre 1864", das 1866 erschienen ist. Ohne Fanfarenstöße und Säbel-rasseln zeichnet Fontane in aller Ausführlichkeit das Kriegsgeschehen nach – auch wenn die Preußen in seinen Schilderungen am besten wegkommen. Ein Pu-blikumserfolg wie die „Wanderungen durch die Mark Brandenburg" wurde Theodor Fontanes Schleswig-Holstein-Buch allerdings nicht.

Mit einer Ballade erinnerte der Dichter Fontane später an die sogenannte Osterschlacht vom 23. April 1848, nach der die Dänen sich in Richtung Flensburg zu-rückzogen. Mit der Ballade hat Fontane der Schleistadt und ihren Einwohnern, die in einem politisierten Got-tesdienst zusammenrücken, ein literarisches Denkmal gesetzt:

Schloss Glücksburg an der Flensburger Förde. Theodor Fontane gestaltet sein Schloss Holkenäs in „Unwiederbringlich" anders als dies Wasserschloss. Aber die literarische Landschaft im Roman ist der Topografie der Flensburg-Glücksburger Fördelandschaft nachempfunden.

Schleswig-Holstein.

Land und Leute.

m Norden Mittel-Europa's, wo die Elbe das Meer erreicht, streckt das deutsche Festland, als erhöb' es seinen Arm gen Norden, einen Halbinsel-Damm in das Meer hinaus; dieser Damm heißt die cimbrische Halbinsel. Er theilt die Wassermasse, welche die deutschen Küsten bespült, in zwei Hälften, in eine Ost- und eine Westsee, gemeinhin Nordsee geheißen. Der Damm trennt zwar die Meere, aber zugleich ist er die Brücke zwischen Deutschland und Skandinavien. Seine südliche Hälfte ist Schleswig-Holstein.

Schleswig-Holstein, trotzdem wir es einen Damm nannten, hat den

Die erste Seite von Fontanes Buch über den Schleswig-Holsteinischen Krieg.

Schleswigs Ostertag 1848

Ich denke deiner, Ostertag:
Ein Nebel über Schleswig lag,
Über Schleswig-Stadt, über Schleswig-Land –
Der Däne hielt uns wieder in Hand,
Er hielt Schloß Gottorp, er hielt die Schlei,
Unser kurzer Traum war wieder vorbei;

Ein Nebel über Schleswig lag,
Achtundvierzig, am Ostertag.

Und über die Stadt und über den Strom
Die Glocken riefen in den Dom,
Und ehe das erste Lied erscholl,
Von Betern war die Kirche voll,
Betende Männer, betende Fraun,
In schwarzem Festkleid alle zu schaun,
Dazwischen aber (bittre Not)
Leuchtende Punkte von Dänisch-Rot.

Und bis an die Kanzel traten wir hin,
Zwischen Hoffen und Bangen ging unser Sinn,
Von Auferstehung der Geistliche sprach,
Wir hingen seinen Worten nach,
Seinem Wort von dem abgewälzten Stein,
Wir mischten viel Weltliches mit ein,
Wenn's Sünde war, es war nicht gewollt –
Horch, es donnert! Wie dumpf es rollt.

Ein Ostergewitter? Es kann nicht sein,
Durch die hohen Fenster fällt Sonnenschein,
Er fällt, wie suchend, gedämpft und mild
Auf das eichengeschnitzte Altarbild,
Auf die zwanzigfeldrige breite Wand
Von Meister Brüggemanns eigener Hand,
Der Felder eines schwimmt wie in Gold –
Horch, zum zweiten, es donnert, es rollt.

Es rollt wie näher, die Fenster klirrn,
Aller Blicke hinüber, herüber irrn,
Es fragen die Augen bei Freund und Feind,
Ein Flüstern geht leise: »Was ist gemeint?«
Und ehe noch flüsternd die Antwort geht,
Vom Eingang her ein Zugwind weht,
Weit offen die Tür; was gibt's, was ist?
In das Mittelschiff tritt ein dän'scher Hornist,
Und in die Kirche hinein, vom Portal,
Bläst er Genralmarsch, Signal auf Signal.

Ein Rasseln, ein Lärmen. Still wieder das Haus,
Die roten Punkte loschen aus,
Was deutsch in Schleswig wollte sein,
War wieder in Schleswigs Dom allein.
Und wie Hilfe suchend und Trost und Ruh,
Den Stufen des Altars drängten wir zu,
Dicht zu; der Geistliche aber spricht:
»Herr, Du bist unsre Zuversicht!
Da ist kein Jäger, der uns schreckt,
Solange uns Dein Fittich deckt,
Ob tausend fallen an unsrer Seit',

Du bist unser Schirm in jedem Streit,
Du stellst Deinen Engel an unsre Tür,
Uns zu behüten für und für,
Wir rufen Deinen Namen an,
Hilf uns, wie Du so oft getan,
Zersplittre unsrer Feinde Spott,
Du bist unsre Burg, Du bist unser Gott,
Blende die Wächter, wälz' ab den Stein« –
Er schwieg. Wie Trommeln klang es herein,
Lustiger preußischer Trommelschlag,
Heller Mittag über Schleswig lag,
Heller Mittag über Schloß und Schlei, –
Ostern war, und das Land war frei.

Viele Jahre später kehrte auch der Erzähler Theodor Fontane in Gedanken noch einmal nach Schleswig-Holstein zurück. Im November 1891 erschien sein Roman „Unwiederbringlich". Daran erzählt er die Geschichte einer märkischen Adelsfamilie, die er, wie er an Julius Rodenberg (1831–1914) schrieb, *nach Schleswig-Holstein und Kopenhagen hin transponiert, so dass sie jetzt zu kleinerem Teil auf einem Schloß in der Nähe von Glücksburg, zum größeren in Kopenhagen und auf der Insel Seeland spielt. Solche Transponierung ist nicht leicht. Ich ging sämtliche deutsche Höfe durch, nichts passte mir, als ich aber Nordschleswig und Kopenhagen gefunden hatte, ,war ich raus'.*

„Unwiederbringlich" spielt im Jahre 1859 und stellt die deutsch-dänischen Konflikte und Verwicklungen vor Augen. Es spielt teilweise an der Flensburger Förde in einem Schloss, für das das nordschleswigsche Gravenstein Modell gestanden haben mag:

Eine Meile südlich von Glücksburg, auf einer dicht an die See herantretenden Düne, lag das von der gräflich Holkschen Familie bewohnte Schloß Holkenäs, eine Sehenswürdigkeit für die vereinzelten Fremden, die von Zeit zu Zeit in diese wenigstens damals noch vom Weltverkehr abgelegene Gegend kamen.

In dem Jahr, in dem „Unwiederbringlich" erschien, sollte auch Theodor Fontane Schleswig-Holstein wiedersehen: Unter dem 21. Juni 1878 schrieb er seiner Frau noch, *Helgoland, Sylt, Föhr, Norderney sind viel zu theuer.* Nun, im Jahre 1891, wollte er sich – freilich ohne seine Frau – eine dreiwöchige Reise nach Wyk auf Föhr leisten. Dort wollte er mit seinem Freund Dr. Georg Friedländer (1843–1914) zusammentreffen. Er schrieb ihm am 23. Juli: *Ich werde wahrscheinlich heut über 14 Tage von hier abdampfen und, nach einem 1 tägigen Aufenthalt in Hamburg, am Sonnabend zu noch näher anzugebender Stunde in Wyk eintreffen. Ich freue mich sehr darauf oder doch so, wie ich's*

noch aufbringen kann, denn der Gefühlsapparat arbeitet immer schlechter. Am 8. August 1891 reiste er an, dort auf Föhr wollte er an seinen Romanen „Mathilde Möhring" und „Die Poggenpuhls" arbeiten. Die Gelegenheit schien günstig, denn das Wetter war schlecht. Dennoch war er angetan von der Insel und schrieb seiner Tochter Martha unter dem 9. August: *Wyk erinnert außerordentlich an Warnemünde, die Straße an der Warnow entlang; schöne Baumreihen, hier aber Blick aufs Meer. Alles sehr anmuthig, solide,*

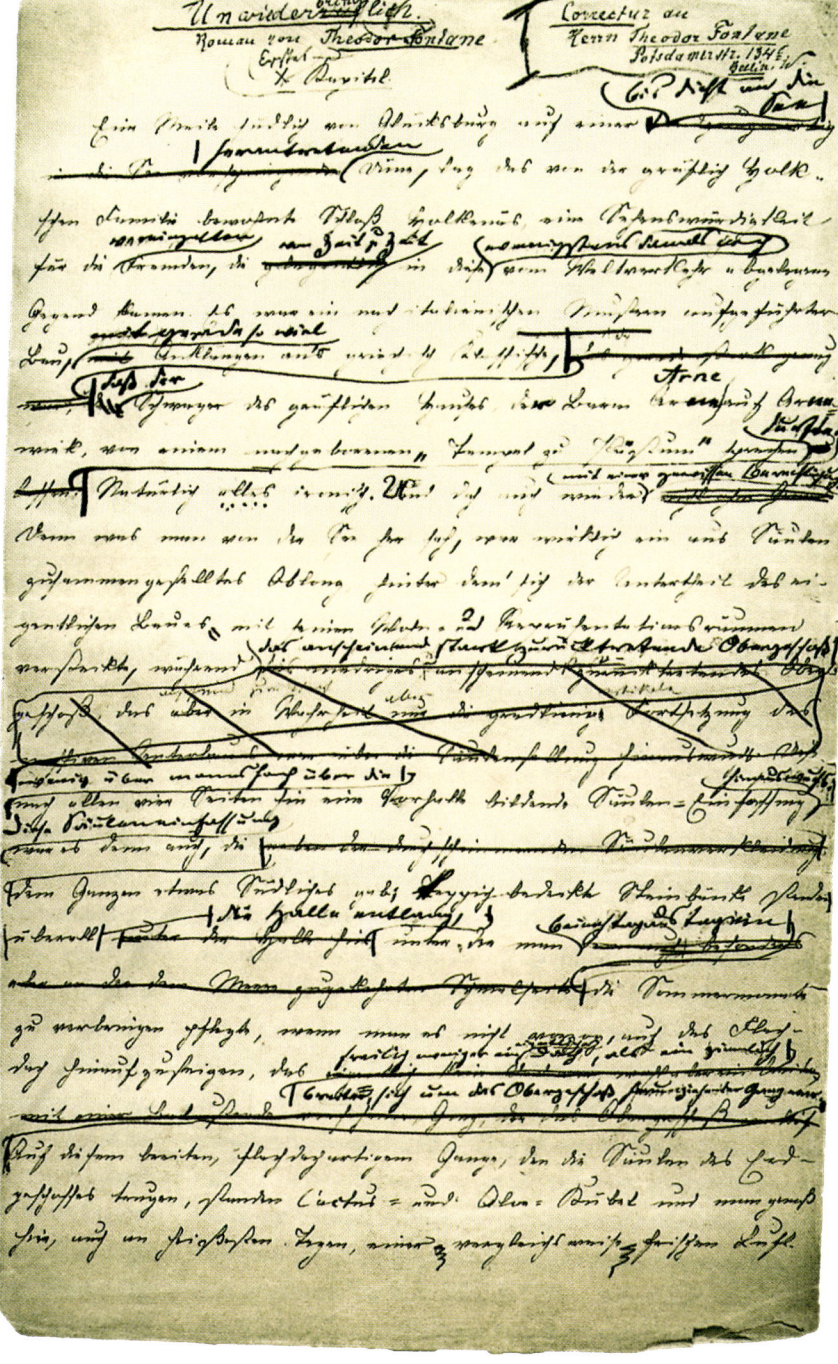

Die erste Seite des Druckmanuskripts von Fontanes Roman „Unwiederbringlich".

Strandallee in Wyk auf Föhr zu Fontanes Zeiten. Wilhelm Dreeßen 1895.

nicht theuer, sodaß Krummhübel – Fontanes Urlaubsziel am Riesengebirge – *vergleichsweise schon halbe Sankt-Moritz-Preise hat.* Fontanes Freund Friedländer war mit Frau, zwei Kindern und Schwägerin auf der Insel. *Friedländers sind zu 5 hier: das Ehepaar, die Mimi … und die beiden Kinder, die gestern mit Ricinusöl behandelt wurden, weshalb wir, trotz Unwetter, lieber im Freien saßen.*

Richtig gemütlich war es für den Erzähler nicht in seiner Unterkunft. Er fing sich Husten und Schnupfen ein und fühlte sich unwohl. Nordfriesische Wetterpropheten sagten Sonne voraus, allein Friedländers mussten abreisen und auch Fontanes Urlaub auf Föhr ging zu Ende. Unter dem 27. August schilderte er seiner Frau das Schlussbild seines Schleswig-Holstein-Aufenthalts: *Das Wetter ist heute schön, d.h. was man so schön nennt; es scheint die Sonne, im übrigen geht ein scharfer Wind und verbietet ein Spazierengehen am Strand, nur im Schutz der Häuserreihe geht es allenfalls. Das Bild von meinem Fenster aus ist nach wie vor entzückend, die breakers, die ihren Schaum ans Ufer rollen, die Boote, die Möven, die auf dem Wasser tanzen, und zahlreiche Kinder in roten und weißen Kappen, die am Strand ihre Festungen bauen.* Am 28. August gegen Abend setzte er auf das Festland über, am 29. August traf er wieder in Berlin ein.

Wilhelm Raabe:
„… auf ärztlichen Rat, der Seeluft
und des Meerwassers wegen auf der Insel Sylt …"

An seine Reise auf die Nordseeinsel Sylt hat sich Wilhelm Raabe (1831–1910) noch Jahrzehnte lang erinnert. Gegen Ende seines Lebens konnte der realistisch erzählende Autor auf eine eindrucksvolle Liste von Romanen, Novellen und Erzählungen zurückblicken, wobei sein Berlin-Roman „Die Chronik der Sperlingsgasse" (1856) gewiss sein erfolgreichstes Werk ist. Im Jahre 1907 schrieb der in Braunschweig lebende Erfolgsautor an den Westerländer Pastor: *Im Jahre 1867 war ich im Listland, und Ihr Bild hat mich lebhaft an jene fernen Tage erinnert. Behaglicher war's damals wahrscheinlich auf Sylt als jetzt in der ›Säson‹. Pastöre und Offiziere aus dem böhmischen Feldzug stellten das Hauptkontingent der kleinen Badegesellschaft, und Gedränge herrschte weder am Strand noch in dem einzigen Hotel in Westerland. Wir wohnten in Tinnum und kamen aus Stuttgart. Dadurch waren wir für die Inselbewohner weitgereiste, kuriose Wundertiere.*

Der Badebetrieb auf Sylt hatte ab 1855 einen gewissen Aufschwung genommen, damals wurden dort erstmals Badekarren aufgestellt. Der Schriftsteller Julius Rodenberg war 1859 dort und notierte: *Wie einsam ist es auf Sylt! Am Abend, als ich ankam, und ein Rauschen, halb des Meeres, halb des Windes, auf dem sanften Rasenboden aber keines Menschen Tritt gehört ward, während mich das Geheimnis der Dunkelheit und des Unbekannten umgab: da hatte ich die Empfindung, als könne man hier ein neues Leben voll schweigender Glückseligkeit beginnen.* Hauptort der Insel war damals noch Keitum und die Gäste reisten zumeist, wenn nicht gerade Ebbe war, noch per Watt- und Raddampfer vom Festland an, denn der Hindenburgdamm wurde erst 1927 in Betrieb genommen. Starthafen war Hoyer, auf der Insel machten die Schiffe in Munkmarsch fest. Im Jahre 1859 ernannte sich dann Wenningstedt zum Seebad.

Wilhelm Raabes gezeichnete Reisenotiz aus Travemünde.

Ankunft auf Sylt mit dem Wagen durchs Watt.

In jenen Jahren blickte auch Wilhelm Raabe nach Norden. Der deutsch-dänische Krieg von 1864 hatte Schleswig-Holstein wieder einmal in das Zentrum der europäischen Öffentlichkeit gerückt: Dänemark wurde besiegt, Schleswig kam unter preußische und Holstein unter österreichische Verwaltung. Und Raabe fuhr im Juli 1864 mit seiner Frau für zwei Wochen nach Lübeck, nach Travemünde und über Hamburg und Cuxhaven nach Kiel. Wohl in Travemünde kam ihm die Idee zu einer Novelle in den Sinn. Unter dem 17. Oktober 1864 schrieb er in sein Notizbuch: *Der (Feind) Mond. Aus einem Reisetagebuch. Dieser Feind ist der Mond mit seinen Einwirkungen auf die Natur und Lebensgeschichte des Helden. Die Szene ist in Lübeck, wo der Erzähler die Bekanntschaft des Mondfeindes macht, und in Travemünde.*

Schleswig-Holstein freilich kam nicht zur Ruhe. Bismarck suchte die Entscheidung zwischen Österreich und Preußen über die Frage der Vormacht in Deutschland. Die Herzogtümer im Norden waren ihm der willkommene Anlass, 1866 den Krieg mit Österreich vom Zaune zu brechen und zugunsten Preußens zu entscheiden. Im Jahre 1867 wurden beide Herzogtümer Preußen als Provinz Schleswig-Holstein einverleibt. Sylt schickte sich in jenen Jahren an, wichtiger Zielort eines frühen Gesundheitstourismus zu werden. Davon hatte auch Wilhelm Raabe gehört. Sein Roman „Abu Telfan oder Die Heimkehr vom Mondgebirge" (1867) hatte ihm ein stattliches Honorar eingebracht und er entschloss sich vom damaligen Wohnort Stuttgart aus zu einer ausgedehnten Reise durch Norddeutschland. Auf der Tour machte er – wie Johann Gottfried Seume sechs Jahrzehnte vor ihm – Station in Altona am Grab Klopstocks, in Husum wollte er Theodor Storm (1817–1888) besuchen, aber der war nicht im Haus. Nun ging es in die nordfriesische Inselwelt und auf Sylt nahmen Frau und Herr Raabe nebst Tochter Margarethe, 1863 geboren, schließlich Quartier in Tinnum. Von dort aus schreibt er seiner Mutter Auguste Raabe einen Urlaubsbrief:

Tinnum auf der Insel Sylt
15. August 1867
Liebe Mutter!
Da B(ertha) unsere einzige Feder oder vielmehr die der Frau Christiansen, unserer Wirthin in Besitz hat, so zeigte ich Euch durch den Bleistift an, dass wir hier glücklich angelangt sind, und uns seit unserer Ankunft des wolkenlosesten Himmels genießen. Gestern haben B u(nd) ich zum erstenmal gebadet. Heute ist Gretchen im Meer gewesen und hat sich sehr tapfer gehalten. Ich erfreute mich eines Zahngeschwürs und blieb am Strande.
Wir wohnen bei einer Bäckersfrau, die ihren Ofen mit Treibholz, den Trümmern eines gestrandeten Schiffes heitzt. Der Badestrand, so wie unser Mittagessen ist recht weit entfernt! –
Wilhelm Raabe schildert die Anreise wie folgt:
Am Donnerstag kamen wir bis Altona. Am Freitag bis Husum. Von Husum fuhren wir am Sonnabend mit dem Dampfer Nordfriesland nach Wyk auf Föhr; wo wir bis Montag Mittag blieben. Dann hatten wir beim schönsten Wetter noch einmal einen etwas kürzeren Weg über die See und quer durch die Insel gelangten wir gegen 4 Uhr auf einem hohen Mühlwagen nach Westerland.
Luft, Menschen, Wasser und Land sind originell genug, die Badeanstalten noch sehr primitiv, und wir

*Drei sind bereits zu Zigeunern verbrannt. 300 Bade-
gäste und mehr leben auf einem sehr weiten Raum zerstreut und genieren einander nur bei Tisch. Mündlich
werde ich Euch noch Vieles zu erzählen haben.*

Jahre später, 1873, veröffentlicht Wilhelm Raabe die
Erzählung „Deutscher Mondschein", 1872 binnen
zweier Wochen zu Papier gebracht, in der er seinen
Travemünder Einfall wieder aufgreift und die Szene-
rie nun allerdings auf die Insel Sylt verlagert. Und man
darf getrost vermuten, dass Raabe zumindest zum Teil
identisch ist mit dem Ich-Erzähler des „Deutschen
Mondscheins". Dort heißt es: *Dieses alles vorausge-
schickt, teile ich mit, daß ich mich im Jahre 1867 auf
ärztlichen Rat, der Seeluft und des Meerwassers wegen, auf der Insel Sylt befand und daß ich daselbst eine
Bekanntschaft machte – eine ganz außerordentliche
Bekanntschaft.*

*Selbstverständlich kann ich mich nicht dabei auf-
halten, das oft Empfundene und noch häufiger Ge-
schilderte und in Briefen oder durch den Druck Verbreitete von neuem durch eine schriftliche Wiedergabe
meiner eigenen Erfahrungen und Gefühle zu berichti-
gen oder zu bekräftigen. Wogenschlag, Sandhafer und
Sandroggen, Möwenflug und vor allem der Westwind
machten auf jeden, der von einer deutschen Beamten-
existenz den Schweiß und den Staub abzuspülen hat,
einen angenehmen, erfrischenden Eindruck. Sie ver-
fehlten ihre Wirkung auch auf mich nicht, zumal da die*

*Sylterin zu Wagen, Mitte
des 19. Jahrhunderts.*

*Es wird Strandgut
geborgen. „Strand auf
Sylt", Ölgemälde von
Heinrich Wrage aus dem
Jahr 1873.*

*Wilhelm Raabes Reise-
ziel: das Rote Kliff auf
Sylt, in das Licht der
untergehenden Sonne
getaucht. Die Steilküste
zwischen Wenningstedt
und Kampen diente der
Seefahrt durch die
Jahrhunderte als
Orientierungspunkt, denn
eine solche rotgefärbte
Abbruchküste gibt es an
der Nordsee nicht noch
einmal.*

Westerland auf Sylt, gesehen in der Mitte des 19. Jahrhunderts.

Dünenlandschaft bei Westerland.

Anstrengungen, die der erwähnten Erfrischung vorangingen, nicht gering waren.

Ich wohnte auf der Grenze der beiden Dörfer Tinnum und Westerland und hatte also, um zum Strande und in die heilige Salzflut zu gelangen, einen Weg von mindestens einer halben Stunde zurückzulegen. Ein nicht kürzerer Weg führte dann zu dem edlen Mann, der uns allmittäglich für einen soliden Preis von innen aus wieder auferbaute. Auf häuslichen Komfort oder gar Luxus mache ich als an Genügsamkeit gewöhnter deutscher Staatsdiener überhaupt keinen Anspruch. Da ich von meinen einundzwanzig Pfeifen sieben mit mir führte, würde ich mich selbst in einem Hünengrabe behaglich eingerichtet haben.

Gut; – ich wohnte bei einem Bäcker, der seinen Backofen mit Strandholz, das heißt dem in den Strandauktionen von gestrandeten Schiffen erstandenen Gebälk und Sparren- und Balkenwerk heizte. Ich half ihm dann und wann, dieses Holz zu spalten, und fühlte mich hier gemütlich dadurch angeregt – daheim widme ich mich dem Geschäft mehr aus sanitätischen Gründen.

Daheim säge und spalte ich in meinen Mußestunden mein Brennholz, hier trieb ich Allotria oder studierte einige vorsichtigerweise im Gepäck mitgeführte Abhandlungen über die braunschweigische Erbfolge. In den Geschäftsstunden ging ich am Strande spazieren.

Wilhelm Raabe lässt seinen Erzähler, der nach eigenem Vorbild gestaltet zu sein scheint, einen betont nüchternen Juristen, die Reize der Inseleinsamkeit erleben:

Bei einem solchen Badeaufenthalt zieht sich alles in die Länge. Zu Hause wandle ich jeglichen Tag und in jedem Wetter rund um die zu Spaziergängen eingerichteten Wälle meiner Amtsstadt; auf Sylt speiste ich, hielt eine Stunde auf einer Düne Siesta und lief dann geradeaus gen Norden den Strand entlang, manchmal bis zum Roten Kliff, jedoch gewöhnlich nur bis zu den Badehütten von Wenningstedt.

Da das Meer wie ein Waschweib beiderlei Geschlechts nichts bei sich behalten kann, sondern alles wieder auswirft, so waren diese Gänge nie ohne ihre Reize; denn wenn ich auch ein Mann der Prosa bin, so kann ich doch einen toten Seehund mit einer gewissen Melancholie vom Rücken auf den Bauch wenden und meine Gedanken dabei haben.

Gut – oder diesmal vielmehr: besser! Ich befand mich ungefähr drei Wochen auf dieser lang von Süden nach Norden oder umgekehrt hingestreckten Insel, als ich die zu Anfang meiner Relation erwähnte Bekanntschaft machte.

Es war gegen Abend. Die Sonne war untergegangen, und ich kam – heute – vom Roten Kliff zurück, und zwar nicht wenig müde, denn die Ebbe hatte den Weg am Strande nach besten Kräften für alle auf Sylt anwesenden am Unterleib leidenden Patienten gangbar gemacht. Wenn man zehn Schritte lang auf ziemlich festgeschlagenem Sande wandelte, versank man während der nächsten zweihundert Schritte desto tiefer, und die Gattin, Tochter, Kusine oder Geliebte meiner Leser, die über diesen der Gesundheit so ungemein ersprießlichen Pfad graziös weggeglitten wäre, würde ich in der Tat gern einem Poeten zur lyrischen oder epischen Verwendung empfehlen, wenn mir ein solcher außer – dem Kreisrichter Löhnefinke unter meinen Kollegen und sonstigen Freunden und Feinden bekannt wäre.

Ich sagte: die Sonne war untergegangen, und verbessere mich. Sie ging eben unter, als ich bei den Dünen südlich von Wenningstedt, dem Riesenloch gegenüber, anlangte. Ein Blankeneser oder Cuxhavener Fischerboot verschwand mit ihr in den Nebeln des Meereshorizontes, und ein trübes Grau wurde aus dem erfreulichen und dem Auge so wohltätigen Grün des Wassers. Auch die gelbrote Färbung der Sandhügel zur Linken des gesunden, aber beschwerlichen Weges verschwand, und die graue Farbe gewann zur Linken wie zur Rechten die Oberhand. Das Dünengras fing an, in einem kühlern Winde zu lispeln; es war

Kutter eines Austernfischers vor Sylt.

Abend geworden, und es war gegründete Aussicht vorhanden, daß es demnächst Nacht werde.

Stolpernd und trotz der Abendkühle in Schweiß gebadet, beschleunigte ich meine Schritte der abendlichen Pfeife zu, als mir das Unerwartete passierte und ich den Kollegen Löhnefinke kennenlernte.

Jedermann, der den westlichen Strand der Insel Sylt kennt, weiß auch, wie schroff oft die Dünen gegen den sandigen Gesundheitspfad an der See abfallen, und an einer der schroffsten Stellen fiel mir der Kollege auf den Hals und setzte mich für alle Zeit meines Erdenwandels in Erstaunen: der geehrte Leser erlaube mir, daß ich mein Protokoll mit gewohnter Ruhe und ohne Aufregung weiterführe.

Und Wilhelm Raabe stellt nun den Kreisrichter Löhnefinke als romantischen Mondschwärmer vor, den der Mond verrückt zu machen scheint, weil der Erdtrabant in ihm alles Romantische und Poetische

*Der Leuchtturm von
Kampen. Unter dem
22. August 1867 verzeich-
net das Fremdenbuch des
Leuchtturms die Eintra-
gung „Wilhelm Raabe aus
Stuttgart mit Frau".*

wachruft, was Beamtenpflicht und bürgerlicher Alltag verdrängen. Die Schilderung der nächtlichen Mondwandelei auf Sylt liest sich zugleich wie eine Satire auf die gefühlvolle Mondseligkeit der Abend- und Liebeslieder:

Ich befand mich, wie gesagt, dem Riesenloch gegenüber, und die Sonne hatte vor fünf Minuten Abschied genommen, als plötzlich auf der Höhe der Düne zur Linken, ungefähr siebenzig Fuß über meinem Kopfe, ein Mensch erschien, der unbedingt im eiligsten Laufe an dem Abhange anlangte, die Arme gegen den Abendhimmel emporwarf, dann sich niederkauerte und mit einem Male zu meinem haarsträubenden Grausen den schroffen, fast senkrechten Hügel herab rutschte – schurrte – schoß!

Ehe der Ruf des halben Schreckens und ganzen Erstaunens, den ich ausstieß, verhallt war, saß der Mensch schon am Fuße der Düne im weichen Sande zwischen einem dorthin angespülten halbzertrümmerten Faß und einer zerbrochenen Schiffslaterne und sah mit weitoffenem, schreckensbleichem und doch zugleich zu einem offenbaren Grinsen sich verziehendem Munde mich, den Herbeieilenden, an und rief, schrie oder vielmehr heulte:

»Er – sie – ist hinter mir! Ich bitte um Entschuldigung, mein Herr, aber – wer kann gegen seine Nerven –«

»Wer? was? wer ist hinter Ihnen?« schrie ich, an der grauen Dünenwand emporstarrend, ohne etwas irgend Bedrohliches zu erblicken. Nichts zeigte sich, was die gewagte Rutschpartie des noch immer im Sande vor mir sitzenden, ziemlich wohlbeleibten und höchst anständig gekleideten Individuums und die

Rutschpartie in den Dünen und …

grenzenlose Bestürzung desselben rechtfertigen konnte.

»Wer ist hinter Ihnen? Niemand, wie mir scheint! So reden Sie doch! Wer jagt Sie? Was treibt Sie zu solchen Sprüngen? Ich sehe wahrhaftig nicht das geringste da oben!«

»Doch, doch! Er – sie – der Mond – Luna – Selene! Nein, nein, nicht Luna und Selene, sondern er, der Mond, der verruchte deutsche Mond! Eben geht er hinter den Watten auf und wird in einigen Minuten dort über die Höhe hinter mir her sein! Und hier kein Dach, kein Schirm – nicht einmal ein Regenschirm – und der nächste Badekarren zum Unterschlüpfen eine Viertelstunde weit ab! Das ist mein Tod!«

Und Raabe lässt es mit der Verfolgung des Kreisrichters durch den deutschen Mond noch nicht genug sein: Statt nächtlicher Insel-Idylle auch jetzt augenzwinkernde Komik, statt eines empfindsamen Spaziergangs im Angesicht des Leuchtturmfeuers von Kampen fast schon Insel-Slapstick, weil der mondflüchtige Jurist nichts als Dichtung im Kopf hatte:

Er hatte mich untergefaßt – zärtlichst; und wir wandelten Arm in Arm über die mondbeglänzte Heide von Sylt. Nimmer war ich in meinem Leben mit einem so poetischen preußischen Kreisrichter Hüfte an Hüfte geschritten. Er, dieser exaltierte Kollege, deklamierte laut, immer lauter. Er zeigte eine wahrhaft staunenerregende Belesenheit in deutscher und fremder Lyrik. Gedichte an den Mond wechselten mit Hymnen auf die Freiheit und Schlachtliedern gegen alle möglichen und unmöglichen Feinde. Tropische Landschafts- und Stimmungsbilder wechselten mit abgerissenen Strophen aus bekannten und unbekannten Romanzen und Balladen jeglichen historischen und unhistorischen Inhalts. Löhnefinke war göttlich, und sein Feind, der Mond, konnte wirklich seine Freude an ihm haben; aber mehr als einem seiner und meiner Vorgesetzten würde er in diesem Zustande nicht nur moralische, sondern auch physische Übelkeit erregt haben.

In der Ferne nordwärts blinzelte das wechselnde Licht des Leuchtturms von Kampen wie das Auge eines Spötters, der seine Umgebung auf irgend etwas außergewöhnlich Drolliges aufmerksam macht. Die Schafe auf der Heide, über deren Tüder, das heißt Haltestricke, wir stolperten, standen auf, sahen uns verwundert an und staunend nach.

So kamen wir dem Dorfe Westerland immer näher, jedoch bevor wir es erreichten, wurden wir angerufen und, der äußern Erscheinung und dem Tone nach, auf die allerlieblichste Weise aus dem Traum-, Nacht- und

Mondscheinwandeln in die Wirklichkeit zurückgerissen. Vom Dache konnten wir glücklicherweise beide nicht fallen.

Endlich ist es ein Kind, das wieder Orientierung bringt:

»Da bist du endlich, Papa? Na, das muß ich sagen!« rief die elfenhafte Huldin – so nannte man früher ein anmutiges weibliches Wesen – uns entgegentretend.

»Ja, da bin ich endlich, brummte der Kollege, »und hier–«

Er vollendete nicht; denn die junge Dame schnitt ihm kurz das Wort ab:

»Wir haben recht lange auf dich gewartet, Papa, und die Mama ist sehr böse auf dich!«

»So? hm!« brummte der Kollege, und »hm!« sagte auch ich in der Tiefe meiner Seele.

»Komm her, Helene, wir wollen zusammen heimgehen«, sprach der Vater des schönen Kindes begütigend; allein die Elfe im Mondschein entgegnete noch kürzer:

»Ich danke, Papa; ich werde mit der Mama gehen.

Da kommt sie schon und wird dir sagen, wie sie auf dich gewartet hat. Mama, hier ist der Papa endlich!«

Ei freilich, er war in der Tat hier, der Vater Löhnefinke, und er zitierte in diesem Augenblick keine deutschen Dichter und keine auswärtigen mehr. Aber ebenfalls durch den deutschen Mondschein kam die Mama heran, und zwar ziemlich rasch und energisch. Ich hätte mit Vergnügen Abschied genommen und mich empfohlen, ehe sie uns erreichte; doch der Kollege hielt meinen Arm mit einem wahren Landdragonergriff fest und flüsterte:

»O, ich muß Sie vorstellen, Freund. Wo wollen Sie hin? O Kollege, erlauben Sie, daß ich Sie meiner Gattin vorstelle!«

Was konnte ich anders ausdrücken als die größte Sehnsucht, auch die Kollegin kennenzulernen?

Zwischen den ersten Häusern der Ortschaft Westerland vorschreitend, hatte die Würdige uns jetzt erreicht und den Arm ihrer Tochter genommen. Mich übersah sie zu Anfang natürlich vollständig und widmete sich einzig und allein den Angelegenheiten der Familie.

... Aufnahme am Westerländer Strand. Aus der Fotomappe „Die Nordseeinsel Sylt" des Fotografen Wilhelm Dreesen von 1895.

Dünenlandschaft mit Blick auf List. Ölgemälde von Hinrich Wrage, um 1875.

»Also endlich, Löhnefinke?! Deine alte, gewohnte Rücksichtslosigkeit! Aber ich sage dir, Löhnefinke –«

»Aber liebe Johanna, so sieh doch! Erlaube mir, dir hier meinen Freund und Korrespondenten –«

So wird man nicht selten als spanische Wand zwischen den Zugwind und den Lehnstuhl des Rheumatismuskranken geschoben! Die Vorstellung fand statt, und ich fügte mich mit der mir angebornen Bonhomie in die mir zugeteilte Rolle. Nach etlichem höflichen Wortaustausch schritten wir vier nun doch miteinander den biedern, niedern, friedlichen, friesischen Hütten zu, und wenn mir bis jetzt in den Seelenzuständen meines Kollegen ein letzter Punkt dunkel geblieben war, so wurde derselbe mir nun auf diesem kurzen Wege vollkommen klar.

Zurück in Tinnum kommt dem Erzähler dann ein schöner Gedanke: Wenn ein preußischer Kreisrichter so begeistert sein kann von und so empfindsam sein kann für Poesie und Literatur und vom Mond verfolgt wird, weil er seine poetische Seite zugleich allzu sehr im Zaume gehalten hat, dann gilt dies vielleicht auch für einen Mathematiker. Wie sollte dessen inneres Gleichgewicht ausgeglichen bleiben? Der Schluss der Geschichte präsentiert die Lösung: Indem man die Poesie nicht unterdrückt, sondern genießt:

Als ich spät am Abend wieder bei meinem Bäcker saß, rauchte ich ein halb Dutzend Pfeifen über den Erlebnissen und Erfahrungen des Tages und kam gegen Mitternacht zu dem Entschluß, meinem augenblicklich in Göttingen Mathematik studierenden Jungen ein Exemplar von Jean Paul Friedrich Richters sämtlichen Werken zu seinem nächsten Geburtstage zu schenken. –

JULES VERNE:
ZUM MITTELPUNKT DER ERDE
UND „DEN REIZENDEN EIDERFLUSS HINAUF"

Die Reise zum Mittelpunkt der Erde beginnt in Schleswig-Holstein: *Von Altona aus, welches zum Weichbild Hamburgs gehört, führt eine Eisenbahn nach Kiel, wo wir an's Ufer des Belt gelangten. In zwanzig Minuten kamen wir auf Holsteinisches Gebiet.*

Professor Otto Lidenbrock aus Hamburg, Königstraße 28, und sein Neffe Axel, die Protagonisten aus Jules Vernes Roman „Reise nach dem Mittelpunkt der Erde" (1864) waren nicht auf dem Weg in die Ferien, sondern fuhren über die holsteinischen Städte Altona und Kiel und über Kopenhagen nach Island zu, um dort durch ein Kraterloch nirgendwo anders hin zu gelangen als in das Erdinnere. Und Jules Verne erzählt über die Abfahrt der Expeditionsreisenden in Altona: *Um halb sieben hielt der Wagen vorm Bahnhof; die zahlreichen Collis meines Oheims, seine umfangreichen Reiseartikel wurden abgeladen, transportirt, gewogen, etikettirt, in den Gepäckwagen gebracht; und um sieben Uhr saßen wir in derselben Waggonabtheilung ein-*

ander gegenüber. Der Dampf zischte, die Locomotive setzte sich in Bewegung. Wir befanden uns unterwegs.

Ich hatte mich noch nicht drein gefunden. Doch wirkten die frische Morgenluft, die bei der Schnelligkeit der Fahrt rasch erneuerten Eindrücke darauf hin, mich durch Zerstreuung aus meiner großen Befangenheit zu reißen.

Die Gedanken des Professors eilten offenbar dem Zug voraus, der für seine Ungeduld zu langsam fuhr. Wir befanden uns allein in dem Waggon, sprachen aber kein Wort mit einander. Mein Oheim durchmusterte seine Taschen und seinen Reisesack mit sorgfältiger Achtsamkeit. Ich sah wohl, daß es ihm für die Ausführung seiner Pläne an nichts mangelte.

Unter Anderem hatte er ein sorgfältig zusammengelegtes Blatt Papier mit dem Wappen der dänischen Kanzlei und der Unterschrift des dänischen Consuls zu Hamburg, der ein Freund des Professors war. Mit Hilfe desselben konnten wir leicht in Kopenhagen

In Tönning an der Eidermündung steht am Hafen das Packhaus von 1783: Es spiegelt den Umfang des Warenumschlags zu Zeiten des Schleswig-Holsteinischen Kanals wider.

Empfehlungen an den Gouverneur von Island bekommen.

Ich bemerkte auch das merkwürdige Document in der geheimsten Tasche des Portefeuille auf's Sorgfältigste aufgehoben. Ich verfluchte es aus Herzens Grund, und sah mir das Land an. Es war eine ungeheure Reihe wenig merkwürdiger Ebenen, die einförmig, schlammig und ziemlich fruchtbar waren: eine Landschaft, die zur Anlage von Eisenbahnen sehr geeignet war und gerade Linien zuließ, welche den Eisenbahngesellschaften so erwünscht sind. Aber diese Einförmigkeit konnte mir nicht einmal langweilig werden, denn bereits drei Stunden nach unserer Abfahrt hielt der Zug in Kiel zwei Schritte vom Meere.

Da unser Gepäck nach Kopenhagen eingeschrieben war, brauchten wir uns nicht darum zu bekümmern. Doch wurde es von dem Professor während des Transports zum Dampfboot mit sorglichem Auge überwacht. Hier wurde es im unteren Schiffsraum geborgen.

Mein Oheim hatte bei seiner übermäßigen Eile die Stunden des Anschlusses von Dampfboot und Eisenbahn so wohl berechnet, daß wir einen vollen Tag zu verlieren hatten. Das Dampfboot Ellenora ging nicht vor Abend ab.

Professor Lidenbrock hat in Kiel mehr Zeit als ihm lieb ist: *Daraus entsprang ein neunstündiger Fieberzustand, während dessen der zornmüthige Reisende die Verwaltung der Boote und der Eisenbahnen zum Teufel wünschte, sammt den Regierungen, welche dergleichen Mißbräuche gestatteten. Ich mußte darin einstimmen, als er den Kapitän der Ellenora darüber zur Rede stellte. Er wollte ihn nöthigen, unverzüglich heizen zu lassen. Der aber hieß ihn seines Weges gehen.*

In Kiel muß wohl, wie anderwärts, ein Tag hinzubringen sein. Wir gingen an den grünen Ufern der Bai, in deren Hintergrund das Städtchen sich erhebt, spazieren, durchliefen die belaubten Gebüsche, welche ihm das Aussehen eines Nestes unterm Gezweig geben, die Villen zu bewundern, welche sämmtlich mit Badehäuschen versehen sind; so kam unter Herumlaufen und Fluchen zehn Uhr Abends heran.

Die Rauchwolken der Ellenora wirbelten in die Lüfte; das Verdeck zitterte unter den Stößen des Dampfkessels; wir befanden uns an Bord im Besitz von zwei Lagerstätten übereinander in der einzigen Kammer des Bootes.

Um zehn Uhr fünfzehn Minuten wurden die Anker gelichtet, und der Dampfer fuhr rasch über die dunkeln Fluthen des Großen Belt.

Es war dunkle Nacht, ein hübscher Seewind, und das Meer stark wogend; einige Feuer an der Küste schimmerten durch die Finsterniß; später, ich weiß nicht wo, glänzte ein Leuchtthurm hell über den Fluthen.

Die Protagonisten in Jules Vernes Roman „Reise nach dem Mittelpunkt der Erde" (1864) kommen aus Norddeutschland. Verne hatte unsere Gegend auf einer Reise nach Norwegen und Dänemark selbst gesehen. Dieser Roman war der zweite aus der Feder des 1828 in Nantes geborenen Schriftstellers nach „Fünf Wochen im Ballon" (1863). Diese beiden Romane lassen sich wie ein Prolog zu einem komplexen literarischen Kosmos lesen, zu dem sich die „Voyages extraordinaires" auswuchsen. Jules Verne wurde mit 60 Romanen, dazu zahlreichen Essays und Erzählungen ein weltberühmter Schriftsteller. Er gilt gemeinhin als „Vater der Sciencefiction", weil er angeblich zahlreiche technische Erfindungen – das Unterseeboot, den Hubschrauber, die bemannte Weltraumfahrt – als Erster gedanklich vorweggenommen hat. Das hat er bestenfalls zum Teil. Vielmehr spielte er in seinen Romanen immer wieder auch die Brauchbarkeit gesellschaftlicher Utopien durch. Seine literaturhistorische Bedeutung liegt nicht darin, technische Erfindungen vorweggenommen zu haben, sondern darin, diese Erfindungen literarisch gewürdigt zu haben.

Jules Verne reiste gern: nach Schottland und mit der „Great Eastern", dem damals größten Dampfer, nach Amerika, mit dem eigenen Segelboot nach England und nach Spanien. Seine Romane „20 000 Meilen unter den Meeren" (1869), „Reise um die Erde in 80 Tagen" (1873), „Die geheimnisvolle Insel" (1874) und „Michael Strogoff" (1876) vergrößerten seinen Ruhm beträchtlich. Im Jahr 1877 kaufte er sich eine eigene Dampfyacht, die „Saint Michel III". Im Mai des Jahres 1881 brach er mit seinem Bruder Paul, zwei weiteren Touristen und 17 Mann Besatzung zur dritten großen Reise mit dem neuen Schiff auf, das Ziel hieß Kopenhagen. Wir verdanken Paul Verne einen Bericht über Jules Vernes „baltische Reise", der erstmals nach 1881 im Anhang des Amazonas-Romans seines Bruders, „Die Jangada", erschien. In diesem Bericht stellte Paul Verne das Schiff und seinen Bruder vor:

Das ist die „Saint Michel". Ihren Eigentümer, Julius Verne, kennt wohl so ziemlich jedermann. Mir, seinem Bruder, kommt es nicht zu, hier sein Lob anzustimmen, doch ich muss bemerken, dass dieser scheinbar unermüdliche Arbeiter doch auch gelegentlich einmal erschlafft. Da wird ihm die Ruhe zur Notwendigkeit, und er findet sie nirgends so erquickend als in seiner Yacht auf dem ruhelosen Meere.

Viele glauben, er arbeite an Bord des Schiffes. Weit gefehlt! Er ruht hier nur aus und erholt sich während einiger Monate. Im Übrigen ist er ein ver-

lässlicher Gefährte, dem die Seekrankheit unbekannt ist, aber auch ein Virtuos im Schlafen, das Wetter kann sein, wie es will, stets aber ein heiterer und liebenswürdiger Gesellschafter. Doch ich will einhalten, ich verirre mich auf ein Gebiet, welches zu betreten mit versagt ist. Man könnte mich der Parteilichkeit zeihen.

Im Verlauf der Reise über Deal in England und Rotterdam trafen sie am 13. Juni in Wilhelmshaven ein. Dort wie auch im späteren Verlauf der Reise in Rendsburg und Kiel hatten die Franzosen gerade für militärische Dinge interessierte, offene Augen: der deutsch-französische Krieg war ja gerade einmal zehn Jahre vergangen. Im Jahr 1870 kreuzte Jules Verne selbst zusammen mit einem Dutzend Soldaten und einer museumsreifen kleinen Kanone auf der *Saint Michel*, einem Vorgänger-Schiff der Dampfyacht, vor La Crotoy. In Wilhelmshaven nun schlugen mehrere Seeleute dem Schriftsteller, der sein Reiseziel Kopenhagen schon aufgeben wollte, vor, die Reiseroute nach der dänischen Hauptstadt mittels einer Passage durch den Eiderkanal abzukürzen, der schon Johann Gottfried Seume 75 Jahre zuvor begeistert hatte. Verne hatte sich in Wilhelmshaven also von den Marine-Militärs verabschiedet, nunmehr mit Hamburg als Reiseziel. Paul Verne schreibt:

Am nächsten Morgen befand sich die „Saint Michel" schon unter Dampf, um mit der Flut den Hafen zu verlassen und nach Hamburg, dem Ziele unserer Reise, abzugehen. Wir trafen eben die letzten Vorbereitungen, als ein Marine-Ingenieur an Bord kam, um die Yacht zu visitieren; er stellte dabei auch die Frage, wohin wir uns zu begeben gedächten.

„Nach Hamburg", erwiderte mein Bruder, „wir haben bereits zu viel Zeit versäumt, um noch in die Ostsee gehen zu können, denn es scheint mir nicht ratsam, längst der gefährlichen Westküste Jütlands hinaufzusegeln."

– „Warum benutzen Sie dann nicht den Eiderkanal, der im Kieler Busen mündet?", fragte der Ingenieur:

Jules Vernes Dampfyacht „Saint Michel III" im Golf von Neapel. Mit diesem Schiff durchquerte der Erzähler auch Schleswig-Holstein.

Die 202 Kilometer lange Eider markiert die historische Grenze zwischen Schleswig und Holstein. Die Untereider windet sich zwischen den Landschaften Dithmarschen und Stapelholm.

Viel los auf dem Wasser:
Blick auf Tönning von See
her.

„Damit ersparen Sie die Reise um ganz Dänemark und gelangen, nach einer Fahrt durch wirklich reizende Landschaften, am zweitfolgenden Tage in die Ostsee."

– „Das würde uns ja sehr angenehm sein", bemerkte ich; „doch ist der Kanal, soviel ich weiß, durch mehrere Schleusen unterbrochen, welche vielleicht zu kurz sein möchten, um dieselben mit der ‚Saint Michel' zu passieren."

– „Das glaube ich nicht", erwiderte der Ingenieur. „Übrigens können wir uns darüber sehr leicht vergewissern. Wie lang ist Ihre Yacht?"

– „Mit dem Bugspriet sechsunddreißig Meter."

– „Das ist freilich etwas lang, meine Herren. Doch wir werden ja sehen; folgen Sie mir gefälligst nach dem Hafenamte, wo man uns verlässliche Auskunft geben wird."

Unterwegs begegneten wir einem Korvettenkapitän, der mit dem Torpedodienst im Jadebusen betraut war. Der Ingenieur teilte diesem unsere Absicht mit und fragte, ob er dieselbe für ausführbar halte. „Das ist sehr einfach", antwortete der Offizier. „Gehen Sie einfach mit mir an Bord eines kleinen Dampfers, der direkt von Kiel hier eingetroffen ist. Hier in der Nähe hält eine Dampfschaluppe. Wenn Sie mich begleiten wollen, werden wir sogleich über die Dimension der Schleusen aufgeklärt sein."

Wir nahmen den freundlichen Vorschlag an und befanden uns zehn Minuten später an Bord des Dampfers, der durch den Eiderkanal zwischen Kiel und Wilhelmshaven verkehrt.

Als ich die, im Verhältnis zu seiner Länge, sehr große Breite des Schiffes bemerkte – eine Bauart, welche ohne Zweifel mit Rücksicht auf eben jene Schleusen beliebt geworden ist – hatte ich wenig Hoffnung. Mir erschien unsere Yacht entschieden zu lang für die betreffenden Schleusenkammern.

Während ich meinem Bruder diese Befürchtung mitteilte, hatten Offiziere Spezialkarten des Eiderkanals herbeischaffen lassen und maßen die Länge der Schleusen.

Nach ziemlich langer Debatte mit dem Kapitän des Dampfers erklärt der Ingenieur, dass wir wahrscheinlich passieren könnten, dass man darüber durch genaue Messung der „Saint Michel" aber noch weitere Gewissheit erlangen könne. Die Schaluppe dampft ab und wir kehren wieder an Bord zurück.

Bei der Ankunft begegnen wir noch einem hohen Offizier, dem der Ingenieur unsere Verlegenheit mitteilt. Nach der Vorstellung sagt der Offizier zu uns: „Wir haben ein Mittel, meine Herren, alle Ihre Zweifel auf die einfachste Weise zu lösen: hier liegt ein Kanonenboot, welches von Kiel nach Wilhelmshaven durch den Kanal gedampft ist. Wir messen, wenn Sie das gestatten, Ihre Yacht genau aus, dann das Kanonenboot ebenso, und Sie werden sofort wissen, woran Sie sind."

Wenige Minuten später war die „Saint Michel" von der Spitze des Bugspriets bis zur Heckplatte mittels einer Leine gemessen, dann begaben wir uns nach dem Kai, wo das Kanonenboot lag, und es zeigt sich, dass dieses noch zwei Meter länger war als unsere Yacht.

Wir glaubten nun zwar unserer Sache gewiss zu sein, aus übergroßer Vorsicht entließ mein Bruder jedoch an den Kanaldirektor noch eine Depesche mit genauer Längenangabe seiner Yacht und mit der Bitte uns nach Tönning Nachricht zu geben, ob wir die Fahrt durch den Kanal unternehmen könnten. Darauf verabschiedeten wir uns von den deutschen Offizieren und kehrten nach unserem Schiffe zurück.

Eine Stunde später dampfte die „Saint Michel" nach Tönning, einem kleinen holsteinischen Hafen an der Mündung der Eider, ab.

Am Abend des 15. Juni erreicht die Dampfyacht den Hafen von Tönning, der sich freilich nicht, wie Paul Verne notiert, auf holsteinischem Ufer der Eider befand, sondern auf Eiderstedt. Dort orderte der reisende Schriftsteller Kohle, engagierte einen Eider-Lotsen, der bis Rendsburg das Kommando übernehmen sollte, bevor es in den Kanal gehen sollte. Aber in Tönning wartete eine Überraschung:

Ein Brief des Kanaldirektors, die Antwort auf unser Telegramm, meldete, dass wir die Schleusen nicht passieren könnten, da unsere Yacht um drei Meter zu lang sei. Was nun?

„Es soll uns niemand sagen", rief da mein Bruder, „dass Bretagner sich einem Hindernisse gegenüber nicht dickköpfig gezeigt hätten! Die ‚Saint Michel' ist zu lang? ... Gut, so schneiden wir der ‚Saint Michel' die Nase, das heißt das Bugspriet ab und wenn es nötig wäre, auch noch die Galion!"

– „Einverstanden, gab ich zur Antwort, „doch wollen wir damit warten, bis die erste Schleuse kommt."

Sobald sich die Nachricht verbreitete, dass wir den Eiderkanal passieren wollten, kam es unter den Bewohnern des Landes, den Kaufleuten und Lieferanten, welche das Eintreffen einer französischen Yacht herbeigelockt hatte, zu lebhaften Verhandlungen. Die Mehrheit behauptete, dass wir unmöglich hindurchkommen könnten. Wie ließen die guten Leute reden und fuhren nach Rendsburg ab, wo wir gegen sechs Uhr abends angelangten.

Neben Paul Vernes Berichte über die Umstände der Kanalpassage zählen die poetischen Schilderungen der schleswig-holsteinischen Landschaft links und rechts der mäandernden Eider zu den unterhaltsamsten Strecken der Reportage. Schließlich naht die Stunde der Wahrheit:

In Rendsburg, wo wir gegen sechs Uhr abends ankamen, befindet sich die erste Schleuse. Werden wir hindurchkönnen? Auf den ersten Blick erscheint dies zweifelhaft. Die Kammer erscheint zu kurz. Unsere Ungewissheit währte nicht lange, nach zwei Minuten liegt die Yacht in der Schleusenkammer; passt aber so

knapp hinein, dass wir, um die folgenden, etwas kürzeren Schleusen passieren zu können, wirklich das Bugspriet einholen müssen – eine mühsame, zeitraubende Arbeit, welche wir jedoch sofort vornehmen. Glücklicherweise brauchen wir die Galion am Vordersteven nicht zu opfern.

Rendsburg, vor der Annexion eine hervorragende deutsche Stadt Dänemarks, ist durch seine Lage ein Platz von Bedeutung. Schon im Altertume konnte es an seine Toren schreiben:

Eydora Romani terminus imperii.

In der Tat bildete die Eider eine der Grenzen, über welche die römische Herrschaft nicht hinausreichte. Jetzt ist Rendsburg der Sitz des elften deutschen Ar-

Jules Vernes Dampfyacht auf der Eider unter mächtigen Bäumen.

Station auf Jules Vernes Reiseroute: Die Schleuse bei Königsförde ist ein Relikt des Schleswig-Holsteinischen Kanals, der später Eiderkanal genannt wurde. Bei Königsförde ist ein Reststück der historischen künstlichen Wasserstraße erhalten.

Rendsburg, 17. Juni. Ein mit Schooner-Takelage versehener franz. Vergnügungsdampfer passirte gestern Abend auf der Fahrt von Westen nach Osten unsere Schleuse. Derselbe kam zunächst von Wilhelmshaven und ging heute Morgen nach Kiel. Am Bord desselben befindet sich der in neuerer Zeit durch seine Schriften auch in Deutschland bekannte französ. Schriftsteller Verne.

Bescheidene Meldung im „Rendsburger Wochenblatt" vom 18. Juni 1881.

meecorps. Die Stadt bietet des Interessanten wenig, aber die Umgebungen sind recht anziehend. Der Park mit seinen mächtigen Bäumen, deren unterste Äste ihre Blätter in der Eider baden, ist wirklich reizend.

Von der Pracht der Vegetation dieser nordischen Lande macht sich derjenige, der sie nicht selbst gesehen hat, kaum eine richtige Vorstellung. Es scheint, als ob die Natur nach sechsmonatigen Winterschlafe hier desto schneller erwachte. Sie beeilt sich gleichsam, den grünen Frühlingsschmuck anzulegen, um die düsteren, traurigen Tage der strengeren Jahreszeit vergessen zu machen. Die Feldblumen warten nicht ein-

mal das Schmelzen des Schnees ab, die Baumknospen sprengen die dünne Eiskruste, welche die durch den aufsteigende Saft belebten Zweige etwa noch bedeckt, und alles entwickelt sich mit einem Ungestüm, das im wärmeren Klima Frankreichs unbekannt ist.

Von Rendsburg bis Kiel führt der Kanal durch einen wirklichen Park, eine Art Saint Cloud, aber mit zweihundert Fuß hohen Bäumen, vorzüglich Buchen, welche an Stelle der Eichen und Tannen der Vorzeit getreten sind. Hier erweitert sich die Eider zu einem ausgedehnten Wasserbecken, welche das Bild ihrer anmutigen Ufer unverändert widerspiegelt; weiterhin zieht sich der Fluss zusammen und windet sich in zahllosen Biegungen unter prächtigen Bäumen hin, deren Kronen sich über seinem Bette berühren und ein für die Sonnenstrahlen undurchdringliches Blättergewölbe bilden. Die Yacht gleitet ruhig durch den geheimnisvollen Laubengang, zwischen hölzernen Baken und geflochtenen Uferwänden hin. Die Fahrt scheint nach unbekannten Welten zu gehen. Rings um das Schiff säuselt und zittert ein Blättermeer, und das Ufer verschwindet gänzlich unter dem dunkel glänzenden Grün. Rosenstöcke neigen sich bei unsrem Erscheinen; Wasserpflanzen mit grünen, still daliegenden Blättern scheinen zu erschrecken und tauchen in die schützende Tiefe, dagegen bleiben – wie um der bezaubernden Landschaft einen bestimmten Stempel

Die Knooper Eiderkanal-schleuse um 1880.

aufzudrücken –, während Buchfinken und Stieglitze eilends fliehen, die Störche furchtlos stehen, wenn wir vorüberfahren, erheben sich dann raschen Fluges und suchen einen Platz auf den Gipfeln der Bäume oder auf dem Radneste der Bauerngehöfte. Von Rendsburg waren wir am 17. Juni morgens acht Uhr abgefahren, sahen stromaufwärts von der Stadt das große Provinzialgefängnis und langten um fünf Uhr nachmittags auf der Reede in Kiel an. Wir mussten inzwischen sechs Schleusen, zwei Eisenbahn-Drehbrücken und vier oder fünf gewöhnliche Zugbrücken passieren. Die letzteren zeichnen sich durch ihre erstaunliche Einfachheit aus: zwei Männer, auf jeder Seite einer, genügen, um dieselbe mit Hilfe eines sorgfältig berechneten Systems von Gegengewichten in wenigen Sekunden zu öffnen und zu schließen.

Paul Verne wusste die Fahrt zu genießen:

Was beginnt man aber, während die Yacht durch das Kammerwasser gehoben und gesenkt wird, je nach der Seite der Wasserscheide, auf der man sich befindet? Nun, man lustwandelt auf den sauber wie Parkwege unterhaltenen Leinpfaden, man legt sich träumend in den dichten Schatten, der mit erquickender Kühlung labt. Freundliche Schänken, meist da errichtet, wo der Leinpfad einen Winkel bildet, laden mit ihren angestrichenen Holztischen zu einem Glase vortrefflichen, schäumenden Bieres ein. Alles ringsum ist voller fröhlichen Lebens, reinlich, wirklich bezaubernd.

Bislang allerdings ist die Frage offen geblieben, warum das Kanonenboot, das in Wilhelmshaven ausgemessen und für größer als die Verne'sche Yacht befunden wurde, durch den Kanal gepasst hatte:

Darüber erhielt wir erst in Rendsburg Aufklärung. Der General-Inspektor teilte uns mit, dass man seinerzeit, um das Kanonenboot schleusen zu können, die Kammern verlängert und mit provisorischen Toren versehen habe. Diese Arbeit verursachte große Unkosten, aber die Umstände verboten jede derartige Rücksicht. Es war während des Krieges. Die Deutschen fürchteten einen Angriff der französischen Flotte auf Wilhelmshaven, das noch nicht in dem Verteidigungszustande war wie heutzutage. So durften sie natürlich die Kosten nicht scheuen, um zwei oder drei Kanonenboote, die sie zur Abwehr eines etwaigen Angriffs brauchten, durch den Kanal gehen zu lassen, da das Meer von uns beherrscht wurde.

Hätten wir diese Einzelheit schon vor der Abreise aus Wilhelmshaven gekannt, so würden wir diese Fahrt nicht gewagt haben; es bedurfte ja so wenig, dass die „Saint Michel" überhaupt nicht hätte passen können! Nur fünfundzwanzig Zentimeter Länge mehr,

und wir mussten zurückkehren, und zwar die Maschine nach rückwärts arbeiten lassen, da an jenen Stellen an ein Umdrehen des Dampfers nicht zu denken war. Wer da weiß, was das zu bedeuten hat, wird unsere Befriedigung begreifen, dieser Notwendigkeit glücklich überhoben zu bleiben.

Ich erwähnte schon, dass die Eider sehr viele Krümmungen macht, daneben wird sie auch noch von zahlreichen Galioten und kleinen Touristendampfern mit Musik auf dem Deck befahren. Von Rendsburg nach Kiel jedoch wird sie, mit Ausnahme weniger Stellen, ganz außerordentlich schmal. Das macht die Schwenkungen um die scharfen Winkel besonders schwierig,

Reisegesellschaft blickt auf Kiel: Illustration zu Paul Vernes Bericht.

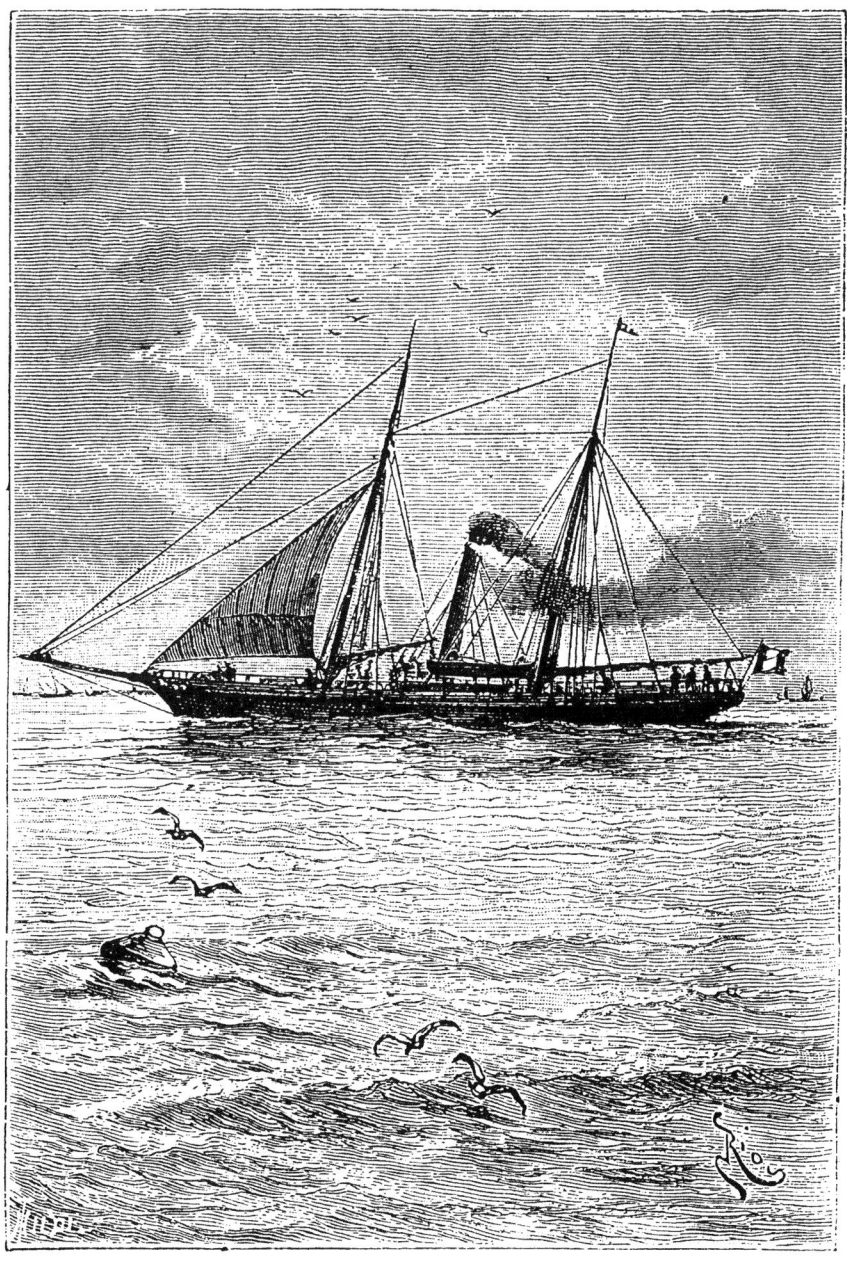

Die „Saint Michel III" unter Dampf von Kiel nach Kopenhagen: Illustration zu Paul Vernes Bericht.

und man ist gezwungen, immer eine Stange zur Hand zu haben, um das Schiff vom Ufer abzuhalten. Das Steuer wirkt hierzu nicht ausreichend, und einigermaßen lange Fahrzeuge haben deshalb hier mit unglaublichen Schwierigkeiten zu kämpfen; die Regierung denkt auch daran, einen Kanal in größtem Maßstabe herstellen zu lassen, der Schiffe jeder Größe, auch für die tiefgehenden Kriegsschiffe, benutzbar sei soll. Die beiden Kriegshäfen in Wilhelmshaven und Kiel wür-

den dadurch in Verbindung gesetzt und könnten einer den andern im Notfall unterstützen.

Tatsächlich begannen nur sechs Jahre nach Vernes Reise die Bauarbeiten zu einer neuen Wasserstraße, dem heutigen Nord-Ostsee-Kanal von Kiel über Rendsburg an die Elbmündung bei Brunsbüttel.

Nach kurzem Aufenthalt in Kiel dampfte das Schiff weiter mit Kurs auf die dänische Hauptstadt – die außergewöhnliche Reise durch Schleswig-Holstein näherte sich ihrem Ende. „(Jules Verne) ist hier gestern Nachmittag an Bord der kleinen französischen Lustyacht ‚St. Michael' eingetroffen", schrieb die „Kieler Zeitung" am 18. Juni 1881 in ihrer Abendausgabe, und: „Herr Jules Verne giebt als Zweck seiner Reise eine Vergnügungstour nach Dänemark, Schweden und Norwegen an (…). Die Yacht hat die Tour von Tönning nach Kiel durch den Eiderkanal gemacht, was nur mit knapper Noth gelang, da das Schiff eine Länge von 95 Fuß engl. und eine Breite von 24 Fuß engl. haben dürfen. Die Besatzung des Schiffs besteht aus 21 Mann; das scharf geschnittene Schiff, mit zwei Masten und hohem Schornstein, liegt auf dem Gaardener Ufer rechts von ‚Wilhelminenhöhe', wird aber wahrscheinlich heute Abend wieder unseren Hafen verlassen."

Allerdings machte man sich in Kiel Hoffnungen: „Jules Verne hätte den Kieler Hafen übrigens kaum je schöner erleben können als an diesen beiden letzten Sonntagen, und in dem nächsten naturwissenschaftlichen Roman des geistvollen französischen Schriftstellers dürfen wir sicher eine glänzende Schilderung dieser Perle aller deutschen Häfen erwarten."

Diese Hoffnung sollte sich freilich nicht erfüllen. Aber die Bäume, die die Reisegesellschaft auf der „St. Michel III" bei ihrer Reise durch Schleswig-Holstein gesehen hat, die haben sich dem Schriftsteller Verne eingeprägt. Zwei Jahre nach der Passage durch den Eiderkanal erschien Jules Vernes Abenteuerroman „Keraban, der Starrkopf". Der Titelheld weigert sich, eine neue Steuer zu bezahlen, die auf die Überquerung des Bosporus erhoben werden soll. Stattdessen entscheidet er sich aus Trotz, das Schwarze Meer zu umrunden. Und dort, auf einer Route durch Gebirge, Felder und Wälder, ist er von der Vegetation beeindruckt: *Ueberall erhoben sich auch schon Bäume, Tannen, Fichten, Buchen, welche sich mit den prächtigsten Exemplaren von Holstein und Dänemark messen können.*

ERSKINE CHILDERS:
„HERVORRAGENDES SEGELREVIER MIT EINER FAMOSEN LAND-
SCHAFT, UND ENTEN SOLLTE ES AUCH BALD EINE MENGE GEBEN":
AUF DER FLENSBURGER FÖRDE

Robert Erskine Childers (1870–1922), irischer Revolu-
tionär und Vater des gleichnamigen irischen Minis-
terpräsidenten, schrieb nur einen einzigen Roman, der
zum Kultbuch bei Seglern und Thriller-Freunden geworden ist: Den ersten Spionageroman von literari-
schem Rang mit dem Titel „The Riddle of the Sands",
zu deutsch: „Das Rätsel der Sandbank". Diese fesseln-
de Abenteuergeschichte spielt vor dem Hintergrund
des Flottenwettrüstens zwischen England und dem
Wilhelminischen Kaiserreich. Schauplatz der Handlung sind die Ostfriesischen Inseln, das Wattenmeer
zwischen den Mündungen der Elbe und der Ems und
die Fördenlandschaft an der schleswig-holsteinischen
Ostküste. Hier kannte Childers sich aus: Nach seinem
Studium arbeitete er seit 1895 als Angestellter im britischen Unterhaus. Nebenher widmete er sich ausgiebig
der Segelei und nannte mehrere Boote sein eigen. Im

Jahr 1897 kaufte er sich eine kleine Yacht, die „Vixen",
die zum Vorbild der „Dulcibella" im „Rätsel der Sandbank" wurde. Damit machten er und sein Bruder Henry sich auf ins Wattenmeer bei den Westfriesischen
Inseln und von dort, wie Jules Verne 16 Jahre vor ihm,
in die Eidermündung bei Tönning. Und dann – im Verband mit dem Frachtensegler „Johannes" eines Skip-
pers namens Bartels – durch den erst 1895 eingeweih-
ten Kaiser-Wilhelm-Kanal in Richtung Ostsee. Um
den 10. Oktober 1897 erreichten die reisenden Iren
Kiel. Henry Childers reiste wieder nach England zurück und Erskine segelte auf eigene Faust nach Flensburg weiter. Drei Wochen später, am 3. November, kam
auch Henry zurück und sie machten sich über Kappeln
auf die Rückreise. Dort trafen sie die „Johannes" zum
zweiten Male, und gemeinsam fuhren sie durch den
Kanal nach Brunsbüttel – Bartels mit der „Johannes"

Ein Wasserspiegel wie Glas: Im Flensburger Hafen, Aufnahme um das Jahr 1890.

– ist ein hervorragendes Segelrevier mit einer famosen Landschaft, und Enten sollte es auch bald eine Menge geben, wenn es kalt genug wird.

Carruthers nimmt die Einladung an, kommt nach Flensburg und wird dort von Davies abgeholt. Gemeinsam gehen sie an Bord. *Die kleine Bucht war glatt wie Glas; oben und unten Sterne; ein paar weiße Katen schimmerten an einer Stelle am Strand; im Westen die Lichter von Flensburg; nach Osten hin verbreiterte sich die Förde in unbekannte Dunkelheit.* Am nächsten Tag starten die beiden Segler ihre Reise: *Die Förde war an dieser Stelle etwa eine Meile breit. An der Küste, von der wir abgesegelt waren, erhoben sich steile Hügel, die aber nicht schroff erhaben waren. Ihre Umrisse waren sanft. An den unteren Hängen waren grüne Flächen und dichte Wälder. An einer Stelle zeigte sich eine kleine weiße Stadt, und verstreut stehende Bauernhäuser sprenkelten den Ausblick.* In dieser Idylle soll die abenteuerliche Kreuzfahrt ihren Anfang nehmen. Aber auch die Idylle hat bereits ihre Tücken. Carruthers fragt Davies:

„Kann ich mich nützlich machen?"

„Oh, bemühe dich nicht", antwortete er, *„ich nehme an, du bist müde. Segeln wir nicht herrlich? Backbord voraus muß Eken sein",* er spähte unter dem Segel hindurch, *„wo die Bäume hereinkommen. Sag mal, würdest du wohl einen Blick auf die Karte werfen?"* Er warf sie mir zu. Ich hatte Mühe, sie auszubreiten, denn sie rollte sich beim geringsten Nachlassen des Drucks wie eine Uhrfeder zusammen. Mit Karten war ich nicht vertraut, und dieses plötzlich in mich gesetzte Vertrauen, nachdem er mich lange vernachlässigt hatte, machte mich nervös.

„Du siehst Flensburg, nicht wahr?" sagte er. *„Hier sind wir."* Mit langem Arm tippte er auf eine unbestimmte Stelle auf dem vollen Blatt. *„Und an welcher Stelle müssen wir die Tonne querab von der Spitze passieren?"*

Ich hatte kaum erfasst, was Wasser und was Land war, noch weniger die Bedeutung der Tonne, als er fortfuhr:

„Laß nur, ich bin ziemlich sicher, dass hier überall tiefes Wasser ist. Ich nehme an, die Tonne markiert das Fahrwasser für Dampfer."

Nach ein oder zwei Minuten passierten wir die fragliche Tonne, auf der falschen Seite, da bin ich ziemlich sicher, denn Tang und Sand kamen plötzlich mit unbehaglicher Deutlichkeit unter uns in Sicht. Aber Davies sagte nur:

„Seegang haben wir hier nie, und das Schwert ist nicht unten." Eine dunkle Bemerkung, über die ich zweifelnd nachsann.

nach Hamburg, die Childers-Brüder mit der „Vixen" in Richtung Holland mit Terschelling als Zielhafen.

Erskine Childers meldete sich 1899 noch freiwillig, um auf der Seite des britischen Empire im Burenkrieg zu kämpfen. Er kam schwer verwundet nach Großbritannien zurück und schrieb nun seinen Roman, der ihn berühmt machen sollte: Die Geschichte der beiden Engländer Carruthers und Davies, die vor den deutschen Küsten kreuzen und erleben müssen, wie ihr Ausflug als harmloses Segelabenteuer beginnt und sie sich zusehends in eine internationale Spionageaffäre um eine mögliche Landung deutscher Streitkräfte auf den Britischen Inseln verwickeln. Davies wartet in Flensburg auf der Yacht „Dulcibella" – benannt nach Erskine Childers Schwester – auf seinen Freund Carruthers, so wie er selbst auf seinen Bruder Henry gewartet hatte. An Bord der Yacht, unter dem 21. September, schreibt Davies eine Einladung an seinen Kameraden, mit ihm zu segeln und auf Entenjagd zu gehen: *Dieser Teil der Ostsee – die Flensburger Förde*

„*Dass beste an diesen Gewässern in Schleswig ist*",
sagte er weiter, „*dass ein Boot dieser Größe beinahe
überall hinfahren kann. Navigation ist nicht erforder-
lich. Nun …*" In diesem Augenblick war unter uns ein
leichtes Kratzen mehr zu spüren als zu hören.

„*Sind wir nicht aufgelaufen?*" fragte ich mit großer
Ruhe.

„*Oh, darüber wird sie hinwegwehen*", antwortete
er und zuckte ein wenig zusammen.

Die Behauptung, bei planem Wasserspiegel sei eine
Navigation unnötig, wird in dem Augenblick wider-
legt, in dem sie formuliert wird. Das ist ein anekdoten-
hafter Prolog für das, was später im Wattenmeer der
Nordsee zur entscheidenden Erkenntnis wird: Unter
dem Wasserspiegel gibt es eine labyrinthische Landschaft, die bei Ebbe ohne Landkarte, ohne Navigation,
ohne Raumaufklärung nicht zu entschlüsseln ist. In
der Flensburger Förde geht die „Dulcibella" darüber
noch hinweg und segelt in den Ekensund nördlich der
Flensburger Förde: *Ein oder zwei Minuten später trie-
ben wir durch eine hübsche kleine Meerenge mit Blick
auf offenes Wasser an ihrem Ende. Katen säumten beide Seiten, einige standen direkt am Wasser, andere
waren durch eine wacklige Holztreppe oder einen Mi-
niaturlandesteg mit ihm verbunden. Ranken und Rosen überwucherten die Wände und kleinen Veranden.
Hier sehen sie Fischerboote und einen kleinen Teegar-
ten. In den Bäumen waren die zarten Pinsel des Herbstes bereits bei der Arbeit. Es bietet sich den Gästen
ein Anblick von unwiderstehlichem Liebreiz.*

Welch ein Kontrast zum Ziel des nächsten Tages,
als Davies und Carruthers die Stadt Sonderburg am
Alsensund anlaufen, bis zur Volksabstimmung 1920
Teil des deutschen Nordschleswig. *Nach einer Stunde
kam der enge Eingang zum Alssund in Sicht, wo sich
das ruhige alte Sonderburg am Inselstrand sonnte und
darüber sich die Düppeler Höhen auftürmten – das
Düppel blutigen Angedenkens, Szene der letzten ver-
zweifelten Stellung der Dänen 1864, ehe ihnen die
Preußen die beiden schönen Provinzen entrissen …*
Sonderburg, die Düppeler Schanzen, Inschriften und
Erinnerungsstätten bringen die beiden zum Thema
Seekrieg: *Davies war in Gedanken versunken, aber
sein Gesicht leuchtete auf, als ich vom Deutsch-Dänischen Krieg sprach. „Deutschland ist eine ungeheuer
große Nation*", sagte er. „*Ich frage mich, ob wir je-
mals gegen sie kämpfen werden.*"

Der Segeltörn geht weiter nach Süden, hin zum
Lotsenhaus von Schleimünde. An der Schleimün-
dung kommt es zur Begegnung mit Bartels und seinem Frachtsegler „Johannes" – wohl eins zu eins aus
Childers' eigenem Erleben 1897 in den Roman trans-

poniert: *Dies ist mein Freund, Herr Carruthers.
Carruthers, dies ist mein Freund Schiffer Bartels von
der Galeote Johannes.*" Und ganz wie Childers in
der Realität will Davies den Kanal gemeinsam mit
der „Johannes" in Richtung Nordsee durchlaufen.
Von Kappeln an Eckernförde vorbei geht es in Richtung Kiel, wo Proviant aufgenommen werden soll
und wo die „Johannes" warten soll: *Etwa um neun
Uhr abends passierten wir die Spitze in Luv, fuhren
wir in die Kieler Förde ein und kämpften uns sieben
Meilen gegen den Wind bis zu ihrem Ende vor, wo
Kiel liegt.*

Wie hatte sich diese Stadt seit Johann Gottfried
Seumes Besuch 1805 verändert! Damals lebten hier

*Unwiderstehlicher
Liebreiz: An der Flens-
burger Förde, mit
Deckfarben um 1897 von
Ascan Lutteroth gemalt.*

*Die Ostsee bei Flensburg,
Ölgemälde von Eugène
Dücker aus dem Jahre
1893.*

Der Flensburger Hafen, wie ihn schon Erskine Childers gesehen haben mag. Der Hafen war im 18. Jahrhundert einer der wichtigen Standorte für den Westindienhandel.

allem auf der Menge in den Nebel fahrender Schiffe –
Dampfer, Schmacken und Segler – beruhte, die einmal
mehr die enge Wasserstraße der Förde befuhren und
ihre unheilvollen roten, grünen und gelben Augen öffneten und schlossen, sie aufleuchten und verblassen
ließen. Derweil vergrößerten Lichter an Land und
Ankerlaternen meine Verwirrung, und pulsierende
Schiffsschrauben erfüllten die Luft wie ferner Lärm in
den Straßen von London. Wirklich, jedes Mal wenn
wir wendeten und schnell quer über die Förde kreuz-
ten, fühlte ich mich wie eine ländliche Matrone, die
ihre Röcke rafft, ehe sie abends eine verkehrsreiche
Londoner Straße überquert. Davies war jedoch der
Straßenbengel, der im Zickzack schadlos zwischen
den Pferden durch hinübergelangt; und die ganze Zeit
über ließ er sich gelassen darüber aus, wie einfach
und sicher das Segeln bei Nacht sei, wenn man nur
vorsichtig war, sich an Regeln hielt und einwandfreie
Lichter führte. Als wir uns dem Glühen am Himmel
näherten, das Kiel anzeigte, passierten wir eine mächtige funkelnde Masse, die mitten im Fahrwasser vor
Anker lag. „Kriegsschiffe", murmelte er hingerissen.

Bismarck hatte aus strategischen Gründen auch die
Verbindung zwischen Nord- und Ostsee wieder auf
die Tagesordnung gesetzt. Der alte Eiderkanal reichte
für die Marine des Deutschen Reichs nicht mehr aus.
So begannen 1887 die Bauarbeiten zu einer neuen
Wasserstraße, das wie ein Sinnbild des Wilhelminischen Kaiserreichs erscheint: Den Grundstein legte
der greise Wilhelm I., die Eröffnung am 20. Juni 1895
nahm Wilhelm II. vor, der wollte, dass das Deutsche
Reich eine Seemacht würde. Das Eröffnungsspektakel
– wohl das größte des Kaiserreichs – war jedenfalls
einer Seemacht würdig. 99 Kilometer lang war der
Graben zwischen der Kieler Förde und der Mündung
der Elbe bei Brunsbüttel, eindrucksvolle Brückenkon-
struktionen überspannten die neue Wasserstraße und
gigantische Schleusenanlagen als Meisterwerke der
Ingenieurbaukunst regulieren den Wasserstand des
Kanals: *Wir umfuhren die letzte Landzunge, steuerten
auf eine Schar bunter Lichter zu, holten die Segel nieder und legten an den riesigen Toren der Holtenauer
Schleusen an. Daß sie sich für einen so winzigen Bitt-
steller öffnen würden, schien unvorstellbar. Aber sie
öffneten sich mit schwerfälliger Majestät, und unser
kleiner Schiffsrumpf verlor sich im Schoß der Schleuse, die dazu ausersehen war, die größten Schlacht-
schiffe zu tragen.*

Vom Deck der „Dulcibella" aus ist von der Landschaft Schleswig-Holsteins während der Fahrt durch
den Kanal nichts zu sehen, auch Childers wird von der
„Vixen" aus nur die Kanalböschungen gesehen haben.

*Frau und Herr Childers
bei einem Ausflug auf der
Flensburger Förde, 1906.*

gut 7100 Einwohner, nun ein Jahrhundert später, waren es rund 160 000 Menschen. Schon gleich nach dem
Sieg über Dänemark bei Düppel hatte Bismarck Fak-
ten geschaffen. Er hatte die Marinestation von Danzig
1865 nach Kiel verlegt – dieses Datum gilt als die
zweite Stadtgründung Kiels. Die Fördestadt wurde
Kriegshafen des Norddeutschen Bundes und nach
1871 wurde Kiel zum Reichskriegshafen ernannt. Mit
der Marine wuchs auch die Stadt. Es entstanden große
Industrieanlagen und Werften. Die Kieler Förde füllte
sich mit den schwimmenden Festungen der kaiserli-
chen Marine. Es ist wohl Erskine Childers 1897 nicht
anders ergangen, als Carruthers, der mit der kleinen
„Dulcibella" nach Kiel einläuft und auf der Förde *den
„schönen Betrieb"* beobachtete, dessen Schönheit vor

Zwei Tage lang fuhren wir langsam die mächtige Wasserstraße hinunter, die strategische Verbindung zwischen den beiden Meeren Deutschlands. Breit und gerade, die Ufer massiv befestigt, nachts elektrisch beleuchtet und heller als so manche Londoner Straße, von großen Kriegsschiffen und reichen Kaufleute ebenso befahren wie von bescheidenen Küstenfahrzeugen, ist sie das Symbol der neuen und gewaltigen Kraft, die, kontrolliert vom Genie der Staatsmänner und Ingenieure, das Kaiserreich unwiderstehlich dem Ziel maritimer Größe entgegentrieb.

„Ist das nicht großartig?" sagte Davies. „Er ist ein feiner Kerl, dieser Kaiser."

Bei Brunsbüttel verlässt die „Dulcibella" den Kanal und begibt sich geradewegs auf die Elbe und in das geheimnisvolle ostfriesische Wattenmeer. Die schleswig-holsteinischen Passagen erscheinen als atmosphärische Einstimmung, als Atemholen vor einer atemberaubenden Spionagegeschichte, die detaillierte Beobachtung und Beschreibung der schleswig-holsteinischen Landschaft erscheint wie eine Fingerübung zur Raumaufklärung in amphibischer Landschaft durch die ersten Agenten in der Literaturgeschichte.

„The Riddle of the Sands" löste in Großbritannien sogar eine Debatte darüber aus, wie die Britischen Inseln sich vor einer deutschen Invasion schützen könnten. Erskine Childers sollte wieder nach Schleswig-Holstein zurückkommen: Im Sommer des Jahres 1903 – „Das Rätsel der Sandbank" war am 27. Mai erschienen" – folgte er mit seinem neuen Boot „Sunbeam" der

Route der „Vixen" über die Nordsee nach Brunsbüttel und durch den Kaiser-Wilhelm-Kanal nach Kiel. Von Flensburg aus durchkreuzte er die Inseln der dänischen Südsee. Im August des Jahres 1906 – er hatte inzwischen Molly Osgood geheiratet und sich wieder ein neues Boot, die „Asgard" angeschafft – brach er

Mit rund 99 Kilometern Länge verbindet der 1887 bis 1895 erbaute Nord-Ostsee-Kanal zwei Meere und ist die meistbefahrene künstliche Wasserstraße der Welt. In Brunsbüttel an der Elbe und in Kiel-Holtenau regeln riesige Schleusenanlagen die Zu- und Ausfahrt.

Betrieb auf der Förde: Reichskriegshafen Kiel um 1900 vom Ostufer aus gesehen.

Probefahrt am 5. Juni 1895 durch den neuen Kanal. Der Dampfer „Palatia" an der Hochbrücke von Grünental.

erneut in die Ostsee auf, wieder durch den Kanal, dann von Kiel nach Flensburg und weiter bis Aarhus. Und im Juni 1913 war der Segler wieder unterwegs, nun führte ihn seine Route, nachdem er den Kanal passiert hatte und bei Holtenau an die Kieler Förde kam, nicht in die dänische Südsee, sondern ostwärts durch die Lübecker Bucht in Richtung Stralsund und Rügen, Bornholm und Gotland. Mit dem Ausbruch des Ersten Weltkriegs erfüllte sich Childers' dunkle Prophezeiung einer kriegerischen Auseinandersetzung zwischen dem Deutschen Reich und Großbritannien. Wenige Tage vorher waren er und seine Frau Molly wieder auf vertrauten Seewegen unterwegs. Sie schmuggelten mit der „Asgard" Gewehre und Munition aus Hamburg, mit denen die Irischen Nationalisten im Osteraufstand 1916 unterstützt wurden. Nach Ende des Ersten Weltkriegs schlug sich Childers als Partisan im irischen Bürgerkrieg auf die republikanische Seite. Im Jahre 1922 wurde er von einem Erschießungskommando seiner politischen Gegner exekutiert.

AUGUST STRINDBERG:

„ICH HEIRATE DIESE WOCHE AUF HELGOLAND.“

Im Jahre 1807 hatten englische Soldaten die Insel Helgoland besetzt, 1890 nun erhielt das Deutsche Reich Helgoland zurück. Fälschlicherweise heißt es allgemein, Deutschland habe Helgoland gegen Sansibar eingetauscht. Richtig ist: Mit dem in Berlin unterzeichneten „Helgoland-Sansibar-Vertrag“ verzichtete das Deutsche Reich auf seinen Anspruch, Schutzmacht des selbständigen Sultanats Sansibar sein zu wollen, und es verzichtete auf Gebiete in Tanganjika und am Viktoriasee. Im Gegenzug bestätigten die Briten den Bestand der Kolonie Deutsch-Ostafrika und verzichteten auf Helgoland. Das Deutsche Reich begann damit, die Insel zu einem Flottenstützpunkt auszubauen. Zugleich blieb Helgoland ein beliebter Erholungsort – bis 1914 zählte es rund 30 000 Gäste jährlich. Die Helgoländer konnten aus britischer Zeit ihre Zollfreiheit retten. Und auch das Heiraten war auf der Insel einfacher als im restlichen Deutschen Reich, weil das Bürgerliche Gesetzbuch erst 1900 in Kraft trat und auf der Insel bis dahin das Helgoländer Eherecht galt: Ohne Aufgebot – so das besondere Angebot

für Badegäste – konnten sich Paare dort das Jawort geben. Es wurde lediglich eine Gebühr in Höhe von 200 Mark erhoben, die sich Gemeinde und Kirchengemeinde brüderlich teilten. So wurde die Hochseeinsel zur Hochzeitsinsel – auch für den berühmten schwedischen Dichter August Strindberg (1849–1912). Seine Helgolandreise im Jahr 1893 schlug sich literarisch vor allem in seinem autobiografischen Roman „Kloster“ nieder, der, im Jahr 1898 geschrieben, erst 1956 veröffentlicht wurde.

Strindberg – Sohn eines Dampfschiffkommissionärs – hatte den literarischen Durchbruch geschafft, provozierte allerdings und kritisierte zugleich die gesellschaftlichen Zustände in Schweden derart heftig, dass er wegen Gotteslästerung angeklagt wurde und sich gezwungen sah, seine Heimat zu verlassen. Er zog nach Frankreich, dann in die Schweiz, und 1892 siedelte er nach Berlin um. Dort lernte der verheiratete Familienvater Strindberg, dessen Verhältnis zu Frauen zwischen Verehrung und Verachtung oszillierte, im Januar 1893 die gerade 20-jährige Österreicherin Fri-

Frida Uhl.

nur los käme! Und im Roman „Kloster" sind Strindbergs eigene Erlebnisse jener Tage hinter der Dichtung erkennbar, wenn er schreibt:

Es hatten sich Gerüchte verbreitet, sie seien zusammengezogen, was nicht zutraf. Die Eltern waren empört und sprachen sich für sofortige Heirat aus.

– Willst du jetzt heiraten? fragte sie.

– Natürlich will ich das.

Und damit war die Sache abgemacht!

Dann aber begannen die Schwierigkeiten. Sie war Katholikin und durfte darum keinen geschiedenen Mann heiraten, solange die frühere Ehefrau noch lebte. Es gab einen Ausweg, auf dem man diesen Stein des Anstoßes umgehen konnte: sich auf Helgoland trauen zu lassen, wo noch altes englisches Recht galt. Und dabei blieb es. Als Trauzeugin reiste die Schwester herbei. Sie war mit einem berühmten Künstler verheiratet, war selbst Schriftstellerin und verstand daher Talent ohne irdischen Besitz zu würdigen.

Und dann wurde die Hochzeitsreise angetreten.

Zwar war die Scheidungsurkunde noch nicht in Strindbergs Händen, aber die Reise sollte doch endlich losgehen. Vom Lehrter Bahnhof in Berlin ging es für die Brautleute und Frida Uhls Schwester, die Journalistin Marie Weyr, mit dem Zug über Hamburg nach Cuxha-

da Uhl kennen. Sie war für die Wiener Zeitung als Literaturkorrespondentin in Berlin tätig. Noch im März verlobten sich die beiden, und sie wollten so schnell wie möglich heiraten. Allein: Strindberg war noch rechtskräftig verheiratet! Die Scheidungspapiere lagen noch nicht vor und dann wäre ja zunächst ein Aufgebot zu bestellen. Frida Strindberg geb. Uhl erinnerte sich später in ihrem Memoiren-Buch „Lieb, Leid und Zeit": *Da findet der Bräutigam einen herrlichen Ausweg, die Heirat trotzdem zu beschleunigen. Er hat nämlich in Erfahrung gebracht, dass auf der Insel Helgoland, die 1890 von England an Deutschland im Austausch für Sansibar abgetreten worden ist, noch englisches Eherecht herrscht. Der Helgoländer Pastor braucht kein Aufgebot, er traut Ehepaare jederzeit. Joseph Kainz* – der österreichische Schauspieler Kainz (1858–1910) galt als einer der größten deutschsprachigen Mimen – *hat dort geheiratet, sozusagen über Nacht.*

„Auf nach Helgoland", rät Strindberg. *„Dann sind wenigstens wir an Ort und Stelle. Die Urkunde kommt ja ganz bestimmt nach"*, beteuert er. *„Ganz bestimmt!"*

Am 25. April 1893 schrieb der Dichter in einem Brief: *Ich heirate diese Woche auf Helgoland.* In einem weiteren Brief heißt es: *Ja! Morgen kommen die Papiere! Und am Donnerstag reisen wir! Wenn ich*

Seit dem Ende des 19. Jahrhunderts im Seebädereinsatz: der Salon-Schnelldampfer „Freia".

ven. Am Dienstag und am Freitag fuhren die Dampfer – *mit Post und Brautleuten*, wie Frida Uhl schrieb – nach Helgoland und am nächsten Tag wieder zurück. Am 28. April ging das Schiff für die beiden erwartungsvollen Gäste aus Berlin. Frida Uhl: *Dieser Kutter ist ein alter Herr, dem selbst die spärliche Bewegung recht schwer fällt.*

Und:

August Strindberg, der Seefahrer, hat ihm das Geheimnis der Senilität auf den ersten Blick entrissen. Trotz meines Widerspruchs bettet er mich auf Deck fürsorglich auf eine Bank und breitet schützend den Holländer über mich. Schwester, die in allen Wiener Salons als wetterfest berühmt ist, zwingt er sanft, aber bestimmt in einen Liegestuhl. Er selbst ist wie verwandelt und hier daheim. Sein Schritt ist elastisch wie nie zu Land; seine Haut hat sich im Nu gefärbt, siegreich und froh schweift sein Blick in die Ferne. Ein stolzer Mensch ist er, seit er die Meerluft in den Nüstern und den Wind im Nacken hat. Der andere jedoch, der Kutter, rechtfertigt bald Strindbergs Argwohn, er torkelt von allem Anfang an, torkelt bereits, ehe wir vom Ufer so recht weggelangt sind. Meine Schwester erbleicht. Ich sehe noch, wie sie sich zurücklehnt, den Schleier vors Gesicht gepresst. Dann schließe ich die Augen. Jetzt springt der Alte – es ist der Kutter gemeint – wie ein Betrunkener auf der Kirchweih, schleudert den ganzen Leib hoch, wir sind auf offene See gelangt. Das Meer ist ebenfalls toll geworden und tanzt mit. Alles tanzt. Die Wellen kollern über Deck, und meiner armen Schwester klebt der elegante Wassermantel wie eine Fischhaut auf dem Körper. Gepriesen sei der Holländer, der mich warm hält.

Als das Land endlich in Sicht ist, bin ich ganz wohl, aber zu erschöpft, um auch nur die Augen zu öffnen. Geschweige denn auf den Füßen zu stehen. Die Landungsboote kommen und laden die Menschenfracht auf, für den Kutter ist es zu seicht zum Landen. August Strindberg trägt mich die Leiter hinab. Ich schlafe auf seinem Arme ein. Er trägt mich, ohne mich zu wecken, an Land; trägt mich am Strand entlang zum nächsten Hotel und bettet mich auf einen Diwan. Noch immer bin ich nicht erwacht.

Für August Strindberg ist Helgoland, unabhängig von den Hochzeitsplänen, von besonderem Interesse: Sein Denken ist in jenen Jahren von einem fast religiös überhöhten naturwissenschaftlichen Fortschrittsglauben bestimmt. Er machte sich in jenen Jahren Gedanken etwa über die Beschaffenheit von Schwefel und über die Frage, unter welchen Umständen Quecksilber in Gold zu verwandeln sei. Naturglaube, Alchemie und Spiritualität vermischten sich auf seltsame Weise

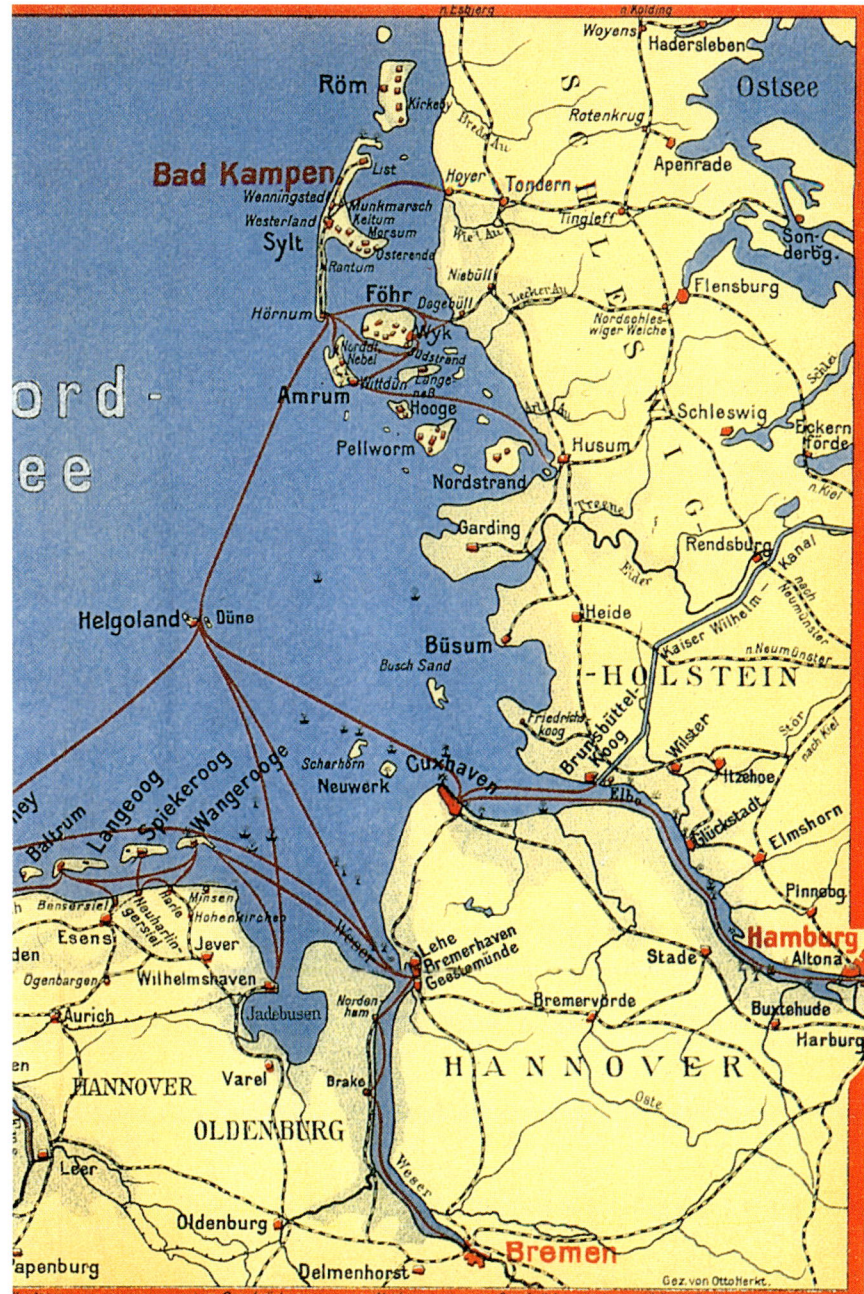

und mit dem Auge des esoterisch anmutenden Naturwissenschaftlers war Strindberg auch auf Helgoland den Rätseln der belebten wie unbelebten Natur auf der Spur. In einem Brief an seinen Freund, den schwedischen Botaniker und Publizisten Bengt Lidforss (1868–1913) schreibt Strindberg unter dem 1. Mai: *Bei einer morgendlichen Exkursion heute am Strand fand ich aufgeworfene Laminaria digitata* – zu Deutsch: Fingertang – *mit Palmenstengeln und Blättern in den grünen Verzweigungen von verschiedenen Formen (die Blätter nämlich). Andere Exemplare hatten sich in den Sand eingegraben und bei Ebbe Wurzeln geschlagen und somit ihr Leben als Gewächse fortge-*

Fährlinien zu den Inseln und Halligen an der Nordsee um 1900.

103

Strindberg stand „auf dem äußersten Rand des Helgoländer Felsens und reckt sich der Sonne zu, man meint, er schwebe in den Lüften". Der freistehende Felsen, die 47 Meter hohe „Lange Anna" ist das Wahrzeichen der Insel. Früher nannte man das Naturdenkmal „Mönch" und „Hengst".

setzt, auf amphibische Weise, indem sie bei Flut Submarina waren und bei Ebbe Terrestra.

Und:

Ich hatte auch die Absicht, Tang an Land anzupflanzen (mir fällt ein, dass ich das in einem Blumentopf gemacht habe), um zu sehen, wie die Organe sich verändern.

In einem Brief an seinen Freund, den schwedisch-deutschen Schriftsteller Adolf Paul (1863–1943) schreibt er am 5. Mai:

Richte Lidforss aus, dass es hier eine biologische Anstalt gibt mit Professor und allem! Diese Biologische Anstalt Helgoland, ein Jahr vor Strindbergs Besuch gegründet, existiert noch heute.

Helgolands markante rote „Kant" ist ein sichtbares Zeugnis aus dem Erdaltertum, die Entstehung der Felseninsel beginnt vor rund 250 Millionen Jahren. Die Insel besteht aus Buntsandstein. Dieser hob sich an die Oberfläche, weil der Druck auf den Meeresboden durch absenkende Sedimente enorm war und im Boden abgelagerte Salze an die Oberfläche drängten. August Strindberg untersuchte das Gestein, begutachtete Kieselsteine, die mit Kreide überzogen waren. Und er genoss das Inselklima: *Der Golfstrom ist ein Mythos. Der Ozean geht nämlich niemals unter +4° im Winter, und dient deswegen als ein kolossaler Wärmespeicher für West-Nord-Europa! – Tja! –*

Doch allem naturwissenschaftlich-okkultistischen Zeitvertreib zum Trotz: Zweck der Reise nach Helgoland war nicht Entdeckungs-, sondern Eroberungslust. Strindberg wollte heiraten, aber es fehlte nach wie vor die Bescheinigung, dass seine erste Ehe gelöst wäre, und das Warten zerrte an den Nerven. In „Kloster" heißt es rückblickend:

Es ist ein Maimorgen auf der kleinen Insel im Meer. Er ist mit ihr hinausgewandert auf die äußerste Landspitze, wo der Fels steil ins Meer abfällt. Er möchte sie unter vier Augen etwas fragen, traut sich aber nicht, und darum stehen sie schweigend da und starren hinaus in das blaue Nichts, suchen sich ein Ziel, das es nicht gibt.

Sechs Tage sind sie nämlich schon dort, ohne dass sie getraut worden wären, da sein Scheidungsattest aus Nachlässigkeit erst ein paar Monate nach dem Urteil ausgestellt worden und infolgedessen so datiert ist, dass die Widerspruchsfrist noch läuft. Telegramme mit Behörden waren gewechselt worden; Verwicklungen und Mißverständnisse hatten zu Verzögerungen geführt, und die Schwester war ungeduldig geworden.

– Glaubst du an mich? fragte er.

– Ja, an deine Ehrlichkeit, aber du bist ein Unglücksrabe.

– Und deine Schwester?

– Was soll sie glauben? Sie kennt dich ja nicht, und sie sieht nur, auf deine Beteuerungen, die Papiere seien ungültig, war kein Verlaß.

– Sie hat recht, aber ich habe keine Schuld. Was hat sie jetzt vor?

– Sie reist morgen ab, und dann muss ich mit!

– Also Scheidung, bevor wir verheiratet sind; zurück in Hotelzimmer, Kneipe, Nachtcafé!

– Nein, das nicht!

Und nach einer Pause:

– Laß uns ins Meer gehen!

Er nahm sie in die Arme.

– Hast du schon einmal ein Schicksal wie das meine gesehen! Wohin ich auch komme, ich bringe Unglück und Verderben mit! Stell dir vor, deine Eltern!

– Sprich nicht so! Mit Geduld schaffen wir auch das hier!

– Um in etwas anderes hineinzugeraten!

– Komm ich pust drauf!

Und sie pustete die Wolke fort; der göttliche Leitsinn erschien wieder, und über die Festungswerke und Minen liefen sie um die Wette nach Hause.

Und Frida Uhl erinnerte sich:

Pastor Schröder ist ein Mann von Welt und ein guter Hirte, der es längst gelernt hat, die Schäflein, die verloren waren, milde zu behandeln. Er glaubt uns nie und nimmer, dass wir lediglich aus Ungeduld und ohne triftigere Gründe die Verlobung abzukürzen wünschen. Er hat Mitleid mit meiner vermeintlichen Verirrung, missbilligt August Strindbergs sündhafte Übereilung unverhohlen und würde ihm von Herzen die Ehe, als Buße dafür, an den Hals wünschen – aber er kann nicht von seiner Pflicht ab. Ehe die Scheidungsurkunde nicht in seinen Händen ist, kann er keinen Bund segnen, dem ein anderer, rechtlich vielleicht noch nicht völlig gelöster vorangegangen ist.

„Ich muss schon um Ihrer selbst willen vorsichtig sein. Sie möchten doch nicht gerne Bigamist werden?" fragt er August Strindberg mit eisig beißender Eindringlichkeit.

„Jahrelanges Zuchthaus!" sagt sein Ausdruck.

August Strindberg ist leichenblaß geworden. Seine Erlebnisse mit Behörden haben seit seiner Scheidung genügt, ihm eine krankhafte Angst vor irgendeiner neuen Berührung mit der Obrigkeit einzuflößen.

„Nein, ein Bigamist will ich nicht werden", wiederholt er tonlos. „Aber wie kann ich Bigamist werden, wenn meine erste Ehe doch rechtskräftig aufgelöst ist?"

„*Gerade das möchte ich eben schwarz auf weiß sehen. Ihr Wort in Ehren, werter Herr, aber vor dem Ge-
setze und der Kirche gilt nur Schriftliches.*"

„*Freue dich doch, Schriftsteller!*" *tröste ich ihn.*

Aber August Strindberg war dieses Lob der Schrift-
lichkeit kein Trost. Vom Pastor ging es zum Hotel zurück, wo die Schwester von Frida Uhl mit einem Telegramm wartete. Er fieberte der Scheidungsbescheini-
gung entgegen, wurde jedoch abermals enttäuscht.
Frida Uhl erinnert sich:

„*Schwester ist wie neu geboren. Sie weint beinahe
vor Freude. „Gott sei Dank!" ist alles, was sie zu sagen vermag, als sie ihm die Depesche reicht. Rasch
reißt er sie auf. Dann steht er verwirrt. Sie enthält den
herzlichen Glückwunsch einer großen Tageszeitung.
„Warmer Glückwunsch den Neuvermählten."*

„*Die erste Antwort auf die fünfhundert Vermäh-
lungsanzeigen!*" *stöhnt Schwester.* „*Nun liest die ganze Welt, dass Ihr verheiratet seid, und Ihr werdet es
vielleicht nie im Leben sein!!*

Am 1. Mai 1893 traf auf Helgoland endlich ein Telegramm ein, das die fehlende Scheidungsurkunde
Strindbergs in der Post auf dem nächsten Dampfer an-
kündigte. Frida Uhl erinnert sich:

*Zweihundert Telegramme hat uns der Bote schon
anstandslos gebracht. Aber am dritten Tag hat er eins,
das er sich offenbar nicht entschließen kann, uns aus-*

*zuliefern. Zögernd steht er unter der Türe. Dreht es in
den Händen hin und her, studiert es und hält es mir
misstrauisch hin.*

„*Ist das am Ende auch für den Herrn? Wir können
den zweiten Namen nicht recht lesen, das erste Wort
ist ›Strindberg‹, aber das zweite – ... ›Foerfattare‹ ...
›Strindberg Foerfattare‹ ...*

„*Schwedisch! Von Schwager Oskar!*"

*Im Jahre 1895 veröffent-
lichte der Fotograf
Wilhelm Dreeßen seine
Aufnahmen von Helgo-
land: Eindrucksvoll die
steil abfallende Felsen-
küste.*

„Es stimmt diesmal, die Urkunde kommt!"

„›Foerfattare‹, das bin ich. Es heißt weiter nichts als Verfasser … Schriftsteller – ›Foerfattare‹ zu sein, ist manchmal ein trauriger Beruf, aber dass man durch das bloße Wort am Heiraten gehindert werden könnte, das ist mir neu. Das kann auch wohl nur mir passieren."

Im Roman *Kloster* heißt es später:

Am Abend kam das entscheidende Telegramm, und am nächsten Morgen sollte die Trauung stattfinden.

Sie fand auch statt, zuerst bei dem preußischen Bürgermeister; und während der Ablegung des Eids verfiel die Braut in ein hysterisches Gelächter, das die ganze Prozedur zu vereiteln drohte, da der ernsthafte Mann nicht wusste, was er von einer solchen irrenhausartigen Szene halten sollte. Es war kein glänzendes Brautgefolge, das sich dann am Abend im Pfarrhof versammelte. Neben der Schwester assistierten vier unbekannte Lotsen als Zeugen, als dann das Treuegelöbnis ›vor Gott‹ abgelegt wurde.

Und mit den Worten der Braut gesprochen:

Die Scheidungsurkunde ist gekommen. Selbstgefällig tanzt der Kutter, der sie brachte vor unserem Fenstern Solo. Triumphierend schwenkt August Strindberg sie in der Hand, winkt damit der Schwester zu, grüßt von weitem damit den Pastor, grüßt mich, das Meer, die Sonne und das neue Leben, das sie ihm erschließt.

Also nun, am 2. Mai 1893 konnte endlich geheiratet werden, nicht in der Helgoländer Kirche, sondern im Pastorat. Im Amtszimmer, wo Pastor Schröder bis zu sechs Trauungen täglich vornahm, hatten sich eingefunden: das Brautpaar und die Brautschwester, der Pastor und zwei Trauzeugen – die Insellehrer, die aus den Traugebühren entschädigt wurden und sich in den literarischen Erinnerungen Frida Uhls ambientegerecht in zwei Lotsen verwandeln und sich in Strindbergs Roman sogar in vier Lotsen verdoppeln. Der Helgoländer Pastor stellte den Trauschein aus:

„*Auf Grund des Helgoländer Kopulationsregisters wird hierdurch amtlich bezeigt, dass Johann August Strindberg, geboren d. 22. Jan. 1849 in Stockholm, und Maria Friederike Cornelia Uhl, geboren d. 4. April 1872 in Mondsee, hier getraut wurden am 2. Mai 1893.*

Trauzeugen J. Berndt und Fr. Hecht.

In fidem

Pastor H. Schröder

Helgoland, den 16. Mai 1893."

Die Schwester der jungen Ehefrau reiste nun ab und das frisch vermählte Paar zog vom Hotel in ein Ferienhaus. Frida Strindberg geb. Uhl schreibt:

Links von der Kirche, quer über die Straße, zieht sich zwischen Fels und Gärten eine gerade Linie weißer Häuschen hin. Fischersleute haben kleine Villen gebaut und vermieten die entbehrlichsten Räume sommersüber. Jedes der Häuschen gleicht dem anderen und die Wahl fällt uns schwer. Vor dem letzten der Reihe aber, nahe der ›Kant‹, dacht die weiße Veranda der erste grünende Baum. Dies Häuschen wählen wir.

Bäume und freier Himmel, so weit man blickt. In der Ferne das Meer. Drei Zimmer, eins für den Herrn, eins für die Dame, ein gemeinschaftliches.

Jetzt genossen Frida und August Strindberg die Flitterwochen. Sie schreibt:

Er steht auf dem äußersten Rand des Helgoländer Felsens und reckt sich der Sonne zu, man meint, er schwebe in den Lüften. Der Himmel ist so weit und blau, als stünde er offen für jeden, der den Mut hat, sich emporzuschwingen – man müsste bis tief hineinfliegen können! Die Sonne ist so warm, alles duftet. Steil unter seinen Füßen schäumt und brandet wild mit weißem Gischt das Meer. Aber es bricht sich machtlos an der roten Kant der Insel, wo wir getraut worden sind – ich und August Strindberg.

Und er schreibt:

Vierzehn Tage des Monats Mai sind vergangen. Die beiden sitzen vor ihrem gemütlichen Häuschen und sehen zu, wie sich im Garten die Zugvögel ausruhen, bevor sie nach Norden weiterwandern.

– *Es ist so ruhig! sagte sie.*

– *Wie lange noch?*

– *Noch acht Tage! – Ich hätte nie gedacht, dass die Ehe eine so herrliche Sache ist.*

Und bei aller Herrlichkeit scheint auch schon auf Helgoland der Keim für das baldige Scheitern dieser Literatenehe gelegt worden zu sein. Strindberg schreibt:

Sie versuchten sich jeder in seinem Zimmer zu isolieren, um zu arbeiten, nach einer Viertelstunde klopfte es an der Tür.

– *Weißt du, es ist herrlich hier, aber ich werde wahnsinnig! beklagte sie sich.*

– *Du auch?*

– *Du auch!*

– *Ich kann weder lesen, noch denken oder schreiben, und kaum reden.*

– *Das Glück ist zu groß, und wir müssen unter Menschen gehen, sonst werden wir alle beide verrückt.*

Die Wahrheit war, dass sie aufgehört hatten zu reden; so wenig in allen Fragen und Neigungen waren sie scheinbar, und sie kannten die Ansichten des anderen so gut, dass ein Austausch unnötig war. Derselbe Geschmack, dieselben Gewohnheiten, dieselben Un-

arten, dieselbe leichte Skepsis hatte sie zusammenge-
führt, und jetzt waren sie miteinander verschmolzen
wie zwei Stücke desselben Metalls.

Und:

– Warum schreibst Du nicht? fragte er.

– Ich habe es versucht, aber es wird nur du und über
dich.

– Ob ich das bin oder irgend jemand anderes, ist doch
egal.

– Du meinst, ich habe kein Selbst?

– Du bist zu jung, um ein Selbst zu haben; du bestehst
vorerst nur aus anderen, und ebenso gut wie andere kann ich es sein.

Diese Äußerung hätte er zweifellos unterlassen sollen, denn nun hatte er sie geweckt. Ihr Schweigen wurde besorgniserregend, und mitten in einem liebevollen
Beisammensein wusste man, dass der andere schon
das Messer wetzte, das das Band zerschneiden sollte.

Es galt, Helgoland den Rücken zu kehren.

Sie schreibt:

Strindberg ist ein anderer geworden … Briefe kommen, die liest er verstohlen. Seine Mundwinkel zucken,
und seine Brauen furchen sich, ein gehetzter Ausdruck
ist in sein Gesicht getreten … Es treibt ihn, er weiß
selber nicht wohin, doch es treibt ihn fort von unserem
Glück. Er will das Wort nicht aussprechen; ich bin es,
die es zuerst sagt: „Reisen wir ab." Er aber stimmt so
eifrig zu, dass ich weinen möchte.

Kaum drei Wochen – kaum drei Wochen …

Und er schreibt:

Dann kam eine Zeitung mit einer Notiz, dass sein
seit langem angenommenes Stück gerade in diesen Tagen in London gespielt werden sollte, und dass bei einem englischen Verleger ein Band fertiggestellt sei.

– Wollen wir nach London fahren? sagte sie.

– Ja, gern, obwohl ich an diese Notizen nicht glaube,
die habe ich schon so oft gelesen. Jedenfalls wird das
eine Geschäftsreise, die sich bezahlt machen kann.

Die Reise wurde beschlossen und in die Tat umge-
setzt. Und man sah die kleine rote Insel mit derselben

Die alte Helgoländer Kirche – untergegangen im Bombenhagel in der Folge des Zweiten Weltkrieges.

Badegäste 1895 auf der Helgoländer Düne: mit Hut und Stock, Kleid und Anzug. 1901 war hier Franz Kafka zu Gast: „Ich hatte kein Badezeug bei mir und verzichtete auch darauf, mir für 30 Pf. einen Badeanzug zu leihen.“

Freude im Meer verschwinden, mit der man sie beim ersten mal aus dem Dunst hatte aufsteigen sehen.

Ein Jahr nach Helgoland wurde dem Ehepaar Strindberg eine Tochter geboren, doch es trennte sich noch 1894. Die Ehe, die 1893 mit Hindernissen auf der deutschen Hochseeinsel geschlossen wurde, wurde 1895 wieder geschieden. Für August Strindberg begann eine Phase, in der er seine alchemistischen Untersuchungen intensivierte. Er litt unter Wahnvorstellungen und Depressionen. Er verarbeitete er diese literarisch produktive Zeit in den Roman „Inferno“ von 1897 und die Lebensphase nach der Trennung von Frida Strindberg ist als „Inferno-Krise“ in die Literaturgeschichte eingegangen. Helgoland hatte ihm kein Glück gebracht.

Wenige Jahre später wandelte ein Abiturient aus Prag auf den Spuren der Strindbergs: Franz Kafka (1883–1924), der wie Strindberg ein literarischer Erneuerer werden sollte. Ebenso wie dieser wird er von intellektuellen Frauen fasziniert sein. Im Sommer 1901 kam Kafka für eine Woche mit einem Onkel auf die rote Felseninsel. Er notierte u.a.: *Allenthalben bot sich ein schöner Blick auf die zerklüfteten Felsen und Höhlen des Steilhanges.* Und auch ein literarischer Ton wird auf Helgoland hörbar: *Der Vollmond stand am Himmel. Jenes große Licht hatte sich in tausend und abertausend Lichter und Lichterchen aufgelöst und zersplittert. Ein Irrlichtertanz hüpfte von Haus zu Haus, über die schmalen Straßen, die Felsen hinauf, am Strand entlang über die Buden und Lagerhallen, tanzte auf Hummerkörben und Fischernetzen, sprang in die Baken hinein und glitt über die leuchtenden Wellen nach den dunklen Schiffskörpern hinüber, an deren Masten rote und grüne Scheiben blitzten.*

RAINER MARIA RILKE:
„TAGE VON WUNDERBARER FÜLLE UND FREUDIGKEIT“:
IN DER HASELDORFER MARSCH

Mit dem Auftrag, eine Monografie über die Kunst des französischen Bildhauers Auguste Rodin (1840–1917) zu schreiben, ging für den Prager Beamtensohn und jungen Dichter Rainer Maria Rilke (1875–1926) ein Wunsch in Erfüllung. Unter dem 28. Juni 1902 schrieb Rilke nach Paris, um den verehrten Meister über seine Absicht zu unterrichten und ihn um Mithilfe zu bitten. Tatsächlich konnte das Rilke-Buch über Rodin 1903 erscheinen, schließlich hatte Rilke eine Zeit lang als Sekretär für Rodin gearbeitet. Doch das letzte Kapitel vor Rilkes Pariser Zeit spielte in Haseldorf in Schleswig-Holstein. Ein Briefwechsel mit langen Briefen des Dichters und kurzen des Bildhauers dokumentiert diese besondere künstlerische Konstellation, und die erste Kontaktaufnahme Rilkes zu Rodin hatte ihren Ausgangspunkt in den holsteinischen Elbmarschen. *Es bleibt mir noch* – so schloss Rilke seinen ersten Brief an den bewunderten Rodin –, *Sie zu bitten, erlauchter Meister, alle Zudringlichkeiten dieses ungestalten*

Briefes zu entschuldigen und zu glauben, dass ich mich sehr glücklich fühle, Ihnen meine Bewunderung und die tiefste Ergebenheit ausdrücken zu können:

Rainer Mar. Rilke

Meine Adresse: Schloß Haseldorf, Holstein, Deutschland.

Rilke war bereits als Autor von Gedichten und dramatischen Werken hervorgetreten, und vor allem in seiner Lyrik zeigte sich seine Kunst der Naturbeobachtung und seine Gabe, Atmosphäre zu spüren und das menschliche Gefühlsleben auszuleuchten. Im Herbst des Jahres 1900 kam Rilke nach Worpswede und besuchte den Maler Heinrich Vogeler (1872–1942) auf dessen Barkenhoff. Dort traf er auch Otto Modersohn (1865–1943), Paula Modersohn-Becker (1876–1907) und die Bildhauerein Clara Westhoff (1878–1954). Clara Westhoff und Rilke heirateten im Frühjahr 1901, im Dezember wurde ihnen ihre Tochter Ruth (1901–1972) geboren. Aber Rilkes Leben blieb

Der klassizistische Herrenhaus Haseldorf entstand
1804/05 nach den Plänen von
C. F. Hansen, dem ein-
flussreichsten Architekten des
Klassizismus in Nordeuropa.

Begeisterten schon Rainer Maria Rilke: riesige Kastanienbäume mit weißen Blütenpyramiden voller Geheimnisse.

unstet. So kam ihm die Einladung des Emil Prinz von Schönaich-Carolath (1852–1908) gelegen, einige Zeit auf dessen Schloss Haseldorf am holsteinischen Elbufer zu verbringen. Der Prinz schrieb selbst neuromantisch inspirierte Gedichte und stand in Kontakt zu anderen Schriftstellern, in Haseldorf verkehrten etwa auch der Erzähler Gustav Frenssen (1863–1945), dessen Roman „Jörn Uhl" Rilke schätzte, und der Lyriker Detlev von Liliencron (1844–1909), dessen Gedichte Rilke begeisterten. Das Gut Haseldorf war über Jahrhunderte der Stammsitz des holsteinischen Adelsgeschlechts der Ahlefeld gewesen, dann hatte es die Familie von Oppen-Schilden erworben. Und aus dieser erbte es 1896 Prinz von Schönaich-Carolath von seinem Onkel, dem Kammerherrn Carl Rudolf von Oppen-Schilden. Das Herrenhaus auf dem Gut, ein langgestreckter, einstöckiger klassizistischer Bau war 1804/05 nach den Plänen von Christian Frederik Hansen (1756–1845) errichtet worden und liegt inmitten einer ehrwürdigen Parkanlage, die von einem Burggraben umschlossen ist. Hansen war als Landbaumeister in Holstein und in der Stadt Altona tätig und der einflussreichste klassizistische Architekt in Nordeuropa.

Schon die ersten Briefe Rainer Maria Rilkes, der eben in Haseldorf eingetroffen ist, lassen ahnen, dass diese Umgebung in den Elbmarschen für den Dichter zu einer besonderen Quelle der Inspiration wird. So schreibt er unter dem 5. Juni 1902 an seine Frau Clara: *Liebe und Gute, ich danke Dir für Deinen großen Brief: Meine erste Nacht in Haseldorf war nicht weniger schwül als Deine bei van Geldern. Und seither waren lauter solche Tage, glühend atemlose Tage, die sich nur manchmal gegen Abend auflösten in der langsam dunkelnden Luft. Heute (zum erstenmal) ist bedeckter Himmel und etwas Regen. Der Park ist schön. Besonders verlockend ist es, an einem der hohen Fenster des Eßsaals zu stehen. Da sieht man die hohen Rasenflächen, die wild wachsen und schon so hoch sind, dass einzelne Rosenstöcke fast darin, in dem grünen Gewoge, verschwinden. In diesen Wiesen stehen zwei unendlich schön blühende Bäume, Apfelbäumen ähnlich. Sie nennen sie Crataegus (dornenlosen Crataegus); ich weiß nicht, was das ist, – aber Dir wird das jedenfalls nicht fremd sein. Sonst, wenn ich im Garten gehe, freue ich mich immer daran, eine oder die andere Blume oder einen Strauch zu erkennen, den Du mir genannt hast. Am schönsten sind die Wege am Burggraben entlang. Da stehen jetzt die alten Kastanien, aufgebaut wie Berge, mit den Ästen bis nach der Erde hin und mit einer ganzen Welt von Schatten unter den tausend Händen ihrer Blätter. Sie blühen jetzt.*

Und es ist ganz wunderbar, wie diese Blütenkegel in rhythmischen Abständen emporsteigen bis zu den höchsten Ästen. Bei Tage ist das alles etwas zu grün, aber neulich, am Abend, so gegen ½ 11 (es dämmerte noch), waren diese alten Bäume wie dunkele Mäntel mit eingestickten, regelmäßig wiederholten Stickereien. Das Weiß der Blüten wurde wunderbar geheimnisvoll, und manchmal hatte so eine Blütenpyramide das Aussehen von gefalteten erhobenen Händen, die aus einem dunkelen Gewande kommen. Leider gab der trübe, träge Burggraben kein Spiegelbild dieser wunderbaren Bäume zu.

Und auch drei Wochen später stehen Impressionen aus dem Haseldorfer Park noch im Zentrum seiner Schilderungen. Am 25. Juni 1902 schreibt Rilke an seinen Malerfreund Otto Modersohn: *Ich freue mich, lieber Otto Modersohn, dass Sie gute Arbeitstage haben und froh sind, des Sommers froh, der (wie heute z.B.) Tage von wunderbarer Fülle und Freudigkeit hat. Der große Park um das Schloß ist nicht zu gepflegt und wirkt vor allem durch seine Riesenbäume. Es gibt Linden und Kastanien wie Berge; Bäume mit dunkelroten Blättern (ich weiß nicht, wie sie heißen), die wie Träume sind, und Nadelhölzer, irgendwelcher fremdländischen Art, mit langen zottig hängenden Zweigen, die an das Fell urweltlicher Urtiere erinnern. Und das Blühen all dieser großen, alten Azaleenbüsche und ganz hoher Hänge von Jasmin! Pfingstrosen brennen irgendwo im Dunkel von Bäumen wie Lagerfeuer, und der Goldregen fällt aus einer Höhe nieder, als käme er aus dem lichten Sommerhimmel. Und die Rosen beginnen. Hier habe ich eine Art Rose gesehen mit langen Ranken und Dornen, die gleichsam – Schwimmhäute haben. So sitzen sie, die Dornen am Stamm, und die ganze Fläche ist rot und durchscheinend, wie von lebendigem Blute; das wirkt ganz seltsam. Kennen Sie diese Art?*

Rilke, der in Haseldorf an Korrekturarbeiten zu seinem „Buch der Bilder" (1902) saß, tauchte ein in die adligen holsteinischen Familiengeschichten aus der Zeit, in der Holstein Teil des dänischen Gesamtstaats waren. In seinem Brief an Clara Rilke von 5. Juni 1902 heißt es: *Ich bin viel auf meinem Zimmer, wo es am kühlsten und schönsten ist und wo ich mich leidlich allein fühle. – ... Nun gehe ich manchmal hinüber ins Archiv, stöbere in alten Büchern und lese da und dort einige Zeilen: ob ich etwas finde, was ich brauchen kann, ist fraglich. Die Briefe, an welche ich dachte, sind so unübersehbar, dass man ein Jahr lang lesen müsste, um einen gewissen Einblick zu gewinnen, und überdies ist die schwere alte Schrift, die schlechte Luft und der Staub im Archiv keine Ermunterung dazu. So muß ich mich auch in dieser Beziehung auf schon Gedrucktes beschränken; ich blättere in den Geschichten der Familien von Ahlefeldt und von Oppen-Schilden, die früher auf Haseldorf gesessen haben, und es ist ja nicht unmöglich, dass ich da auf einen interessanten Lebenslauf stoße, wenngleich mit zum Entdecker guter Buchstellen Talent und Übung fehlt. Was mich indessen interessiert, ist, alte Ausgaben, schon um ihres Druckes und ihrer Titelkupfer willen, durchzusehen, alte Mappen mit Stichen aus dem Ende des 18. Jahrhunderts durchzustöbern und ein wenig zu lächeln über die langen, gleichsam neugierigen Profile seliger Kammerherrn und Ritter des Danebrog.*

Hier legt Rilke eine Spur, die direkt zu seinem berühmten und einzigen Roman „Aufzeichnungen des Malte Laurids Brigge" (1910) führt. Darin lässt Rilke einen jungen dänischen Adligen tagebuchartig sein Erleben und seine Reflexionen in Paris über technischen Fortschritt und soziale Anonymisierung erzählen. Und kontrapunktisch zur Metropole Paris erinnert er sich an seine Kindheit auf dem ländlichen Familiensitz Ulsgaard. Malte wird die Kindheitserinnerung zum Refugium, in das er sich angesichts von Armut, Not und Elend im Moloch Großstadt flüchtet. Und als reales Vorbild für das literarische Ulsgaard ist das Herrenhaus Haseldorf zu erkennen, wo Rilke sich in die deutsch-dänische Familienvergangenheiten vertiefte, von denen auf Haseldorf noch Park und Architektur, Papiere, Kostüme und Interieur künden: *Ich weiß, der Kutscher wurde dann in den Park geschickt, wenn es Vater einfiel, nach mir zu fragen, und ich war nicht da. Ich konnte oben von einem der Gastzimmer aus sehen, wie er hinauslief und am Anfang der langen Allee nach mir rief. Diese Gastzimmer befanden sich, eines neben dem anderen, im Giebel von Ulsgaard und standen, da wir in dieser Zeit sehr selten Hausbesuch hatten, fast immer leer. Anschließend an sie aber war jener große Eckraum, der eine so starke Verlockung für mich hatte. Es war nichts darin zu finden als eine alte Büste, die, ich glaube, den Admiral Juel darstellte, aber die Wände waren ringsum mit tiefen, grauen Wandschränken verschalt, derart, daß sogar das Fenster erst über den Schränken angebracht war in der leeren, geweißten Wand. Den Schlüssel hatte ich an einer der Schranktüren entdeckt, und er schloß alle anderen. So hatte ich in kurzem alles untersucht: die Kammerherrenfräcke aus dem achtzehnten Jahrhundert, die ganz kalt waren von den eingewebten Silberfaden, und die schön gestickten Westen dazu; die Trachten des Dannebrog- und des Elefantenordens, die man erst für Frauenkleider hielt, so reich und umständlich waren sie und so sanft im Futter anzufühlen.*

Dann wirkliche Roben, die, von ihren Unterlagen auseinander gehalten, steif dahingen wie die Marionetten eines zu großen Stückes, das so endgültig aus der Mode war, daß man ihre Köpfe anders verwendet hatte. Daneben aber waren Schränke, in denen es dunkel war, wenn man sie aufmachte, dunkel von hochgeschlossenen Uniformen, die viel gebrauchter aussahen als alles das andere und die eigentlich wünschten, nicht erhalten zu sein.

Niemand wird es verwunderlich finden, daß ich das alles herauszog und ins Licht neigte; daß ich das und jenes an mich hielt oder umnahm; daß ich ein Kostüm, welches etwa passen konnte, hastig anzog und darin, neugierig und aufgeregt, in das nächste Fremdenzimmer lief, vor den schmalen Pfeilerspiegel, der aus einzelnen ungleich grünen Glasstücken zusammengesetzt war. Ach, wie man zitterte, drin zu sein, und wie hinreißend war es, wenn man es war. Wenn da etwas aus dem Trüben heraus sich näherte, langsamer als man selbst, denn der Spiegel glaubte es gleichsam nicht und wollte, schläfrig wie er war, nicht gleich nachsprechen, was man ihm vorsagte. Aber schließlich mußte er natürlich. Und nun war es etwas sehr Überraschendes, Fremdes, ganz anders, als man es sich gedacht hatte, etwas Plötzliches, Selbständiges, das man rasch überblickte, um sich im nächsten Augenblick doch zu erkennen, nicht ohne eine gewisse Ironie, die um ein Haar das ganze Vergnügen zerstören konnte. Wenn man aber sofort zu reden begann, sich zu verbeugen, wenn man sich zuwinkte, sich, fortwährend zurückblickend, entfernte und dann entschlossen und angeregt wiederkam, so hatte man die Einbildung auf seiner Seite, solang es einem gefiel.

Ich lernte damals den Einfluß kennen, der unmittelbar von einer bestimmten Tracht ausgehen kann. Kaum hatte ich einen dieser Anzüge angelegt, mußte ich mir eingestehen, daß er mich in seine Macht bekam; daß er mir meine Bewegungen, meinen Gesichtsausdruck, ja sogar meine Einfälle vorschrieb; meine Hand, über die die Spitzenmanschette fiel und wieder fiel, war durchaus nicht meine gewöhnliche Hand; sie bewegte sich wie ein Akteur, ja, ich möchte sagen, sie sah sich selber zu, so übertrieben das auch klingt.

Und auch eine der Schlüsselszenen in den „Aufzeichnungen des Malte Laurids Brigge" – der Tod des Großvaters des Malte – weist nach Schleswig-Holstein, da Ulsgaard als das literarisch verwandelte Haseldorf sichtbar wird, auf dem sich bis in Rilkes Tage das Sterbezimmer des Kammerherrn von Oppen-Schilden erhalten hatte:

Meinem Großvater noch, dem alten Kammerherrn Brigge, sah man es an, daß er einen Tod in sich trug.

Rilke berichtete seinem Verleger Axel Juncker aus Haseldorf und von Pellworm von Korrektur-arbeiten. Gewidmet hat er diesen Band seinem Haseldorfer Gastgeber.

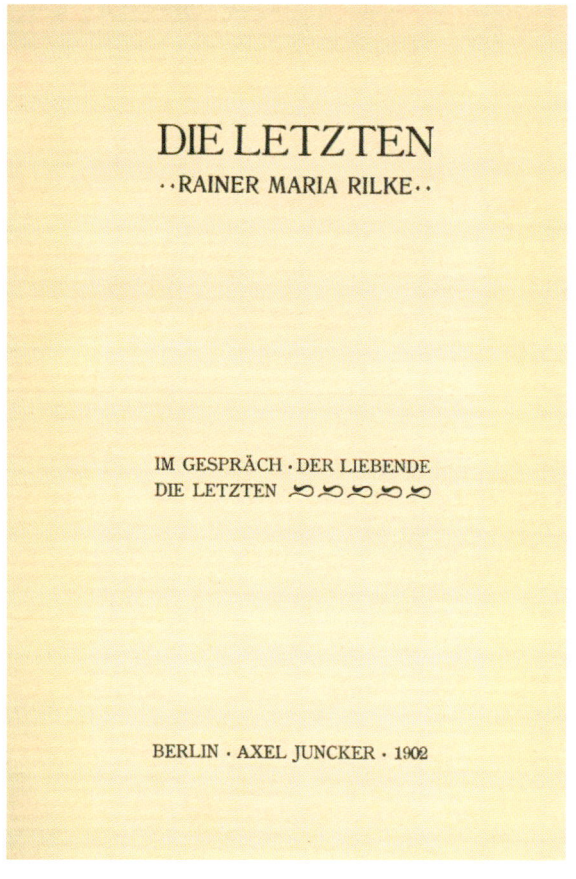

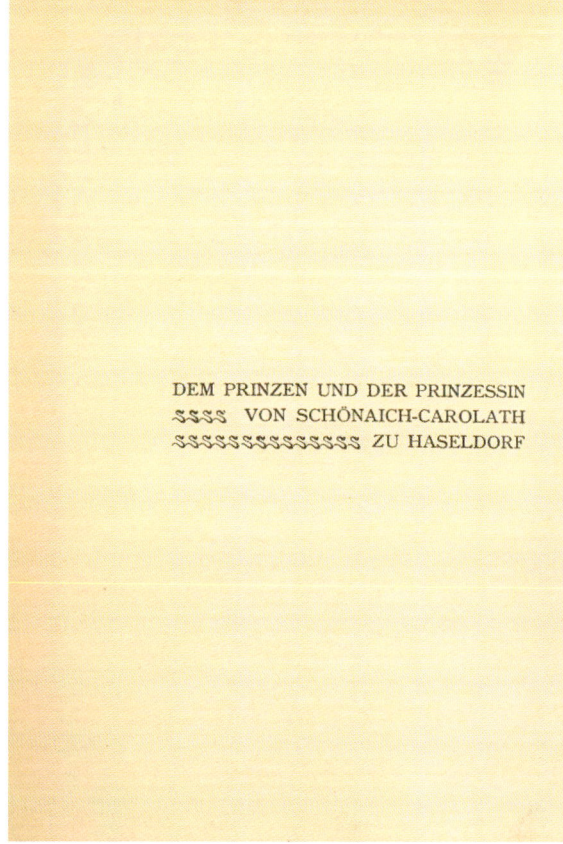

Und was war das für einer: zwei Monate lang und so laut, daß man ihn hörte bis aufs Vorwerk hinaus.

Das lange, alte Herrenhaus war zu klein für diesen Tod, es schien, als müßte man Flügel anbauen, denn der Körper des Kammerherrn wurde immer größer, und er wollte fortwährend aus einem Raum in den anderen getragen sein und geriet in fürchterlichen Zorn, wenn der Tag noch nicht zu Ende war und es gab kein Zimmer mehr, in dem er nicht schon gelegen hatte. Dann ging es mit dem ganzen Zuge von Dienern, Jungfern und Hunden, die er immer um sich hatte, die Treppe hinauf und, unter Vorantritt des Haushof-meisters, in seiner hochseligen Mutter Sterbezimmer, das ganz in dem Zustande, in dem sie es vor dreiund-zwanzig Jahren verlassen hatte, erhalten worden war und das sonst nie jemand betreten durfte. Jetzt brach die ganze Meute dort ein. Die Vorhänge wurden zu-rückgezogen, und das robuste Licht eines Sommer-nachmittags untersuchte alle die scheuen, erschro-ckenen Gegenstände und drehte sich ungeschickt um in den aufgerissenen Spiegeln. Und die Leute mach-ten es ebenso. Es gab da Zofen, die vor Neugierde nicht wußten, wo ihre Hände sich gerade aufhielten, junge Bediente, die alles anglotzten, und ältere Dienstleute, die herumgingen und sich zu erinnern suchten, was man ihnen von diesem verschlossenen Zimmer, in dem sie sich nun glücklich befanden, alles erzählt hatte.

Vor allem aber schien den Hunden der Aufenthalt in einem Raum, wo alle Dinge rochen, ungemein anre-gend. Die großen, schmalen russischen Windhunde liefen beschäftigt hinter den Lehnstühlen hin und her, durchquerten in langem Tanzschritt mit wiegender Be-wegung das Gemach, hoben sich wie Wappenhunde auf und schauten, die schmalen Pfoten auf das weiß-goldene Fensterbrett gestützt, mit spitzem, gespann-tem Gesicht und zurückgezogener Stirn nach rechts und nach links in den Hof. Kleine, handschuhgelbe Dachshunde saßen, mit Gesichtern, als wäre alles ganz in der Ordnung, in dem breiten, seidenen Pol-stersessel am Fenster, und ein stichelhaariger, mür-risch aussehender Hühnerhund rieb seinen Rücken an der Kante eines goldbeinigen Tisches, auf dessen ge-malter Platte die Sèvrestassen zitterten.

Ja, es war für diese geistesabwesenden, verschlafe-nen Dinge eine schreckliche Zeit. Es passierte, daß aus Büchern, die irgend eine hastige Hand ungeschickt geöffnet hatte, Rosenblätter heraustaumelten, die zer-treten wurden; kleine, schwächliche Gegenstände wurden ergriffen und, nachdem sie sofort zerbrochen waren, schnell wieder hingelegt, manches Verbogene auch unter Vorhänge gesteckt oder gar hinter das goldene Netz des Kamingitters geworfen. Und von Zeit zu Zeit fiel etwas, fiel verhüllt auf Teppich, fiel hell auf das harte Parkett, aber es zerschlug da und dort, zersprang scharf oder brach fast lautlos auf, denn diese Dinge, verwöhnt wie sie waren, vertrugen keinerlei Fall.

Und wäre es jemandem eingefallen zu fragen, was die Ursache von alledem sei, was über dieses ängstlich gehütete Zimmer alles Untergangs Fülle herabgerufen habe, – so hätte es nur eine Antwort gegeben: der Tod.

Der Tod des Kammerherrn Christoph Detlev Brigge auf Ulsgaard. Denn dieser lag, groß über seine dunkelblaue Uniform hinausquellend, mitten auf dem Fußboden und rührte sich nicht. In seinem großen, fremden, niemandem mehr bekannten Gesicht waren die Augen zugefallen: er sah nicht, was geschah. Man hatte zuerst versucht, ihn auf das Bett zu legen, aber er hatte sich dagegen gewehrt, denn er haßte Betten seit jenen ersten Nächten, in denen seine Krankheit gewachsen war. Auch hatte sich das Bett da oben als zu klein erwiesen, und da war nichts anderes übrig geblieben, als ihn so auf den Teppich zu legen; denn hinunter hatte er nicht gewollt.

Da lag er nun, und man konnte denken, daß er gestorben sei. Die Hunde hatten sich, da es langsam zu dämmern begann, einer nach dem anderen durch die Türspalte gezogen, nur der Harthaarige mit dem mürrischen Gesicht saß bei seinem Herrn, und eine von seinen breiten, zottigen Vorderpfoten lag auf Christoph Detlevs großer, grauer Hand. Auch von der Dienerschaft standen jetzt die meisten draußen in dem weißen Gang, der heller war als das Zimmer; die aber, welche noch drinnen geblieben waren, sahen manchmal heimlich nach dem großen, dunkelnden Haufen in der Mitte, und sie wünschten, daß das nichts mehr wäre als ein großer Anzug über einem verdorbenen Ding.

Aber es war noch etwas. Es war eine Stimme, die Stimme, die noch vor sieben Wochen niemand gekannt hatte: denn es war nicht die Stimme des Kammerherrn. Nicht Christoph Detlev war es, welchem diese Stimme gehörte, es war Christoph Detlevs Tod.

Christoph Detlevs Tod lebte nun schon seit vielen, vielen Tagen auf Ulsgaard und redete mit allen und verlangte. Verlangte, getragen zu werden, verlangte das blaue Zimmer, verlangte den kleinen Salon, verlangte den Saal. Verlangte die Hunde, verlangte, daß man lache, spreche, spiele und still sei und alles zugleich. Verlangte Freunde zu sehen, Frauen und Verstorbene, und verlangte selber zu sterben: verlangte. Verlangte und schrie.

Denn, wenn die Nacht gekommen war und die von den übermüden Dienstleuten, welche nicht Wache hatten, einzuschlafen versuchten, dann schrie Christoph Detlevs Tod, schrie und stöhnte, brüllte so lange und anhaltend, daß die Hunde, die zuerst mitheulten, verstummten und nicht wagten sich hinzulegen und, auf ihren langen, schlanken, zitternden Beinen stehend, sich fürchteten. Und wenn sie es durch die weite, silberne, dänische Sommernacht im Dorfe hörten, daß er brüllte, so standen sie auf wie beim Gewitter, kleideten sich an und blieben ohne ein Wort um die Lampe sitzen, bis es vorüber war. Und die Frauen, welche nahe vor dem Niederkommen waren, wurden in die entlegensten Stuben gelegt und in die dichtesten Bettverschläge; aber sie hörten es, sie hörten es, als ob es in ihrem eigenen Leibe wäre, und sie flehten, auch aufstehen zu dürfen, und kamen, weiß und weit, und setzten sich zu den andern mit ihren verwischten Gesichtern. Und die Kühe, welche kalbten in dieser Zeit, waren hülflos und verschlossen, und einer riß man die tote Frucht mit allen Eingeweiden aus dem Leibe, als sie gar nicht kommen wollte. Und alle taten ihr Tagwerk schlecht und vergaßen das Heu hereinzubringen, weil sie sich bei Tage ängstigten vor der Nacht und weil sie vom vielen Wachsein und vom erschreckten Aufstehen so ermattet waren, daß sie sich auf nichts besinnen konnten. Und wenn sie am Sonntag in die weiße, friedliche Kirche gingen, so beteten sie, es

Immer schon gehörte der Schwan zum Bilderschatz der Poesie. Der Haseldorfer Silberschwan hat es direkt in die Dichtung von Rilke geschafft.

Pellworm ist Überbleibsel der durch die Fluten 1362 und 1634 zerschlagenen Insel Strand. Beherrschendes Bauwerk ist die Ruine des Backsteinkirchturms der Alten Kirche. Der Turm misst heute 26 Meter, ursprünglich war er fast doppelt so hoch.

Rilkes Neujahrsgrüße von Paris nach Pellworm über Husum (Holstein, Halligen).

möge keinen Herrn mehr auf Ulsgaard geben: denn dieser war ein schrecklicher Herr. Und was sie alle dachten und beteten, das sagte der Pfarrer laut von der Kanzel herab, denn auch er hatte keine Nächte mehr und konnte Gott nicht begreifen. Und die Glocke sagte es, die einen furchtbaren Rivalen bekommen hatte, der die ganze Nacht dröhnte und gegen den sie, selbst wenn sie aus allem Metall zu läuten begann, nichts vermochte. Ja, alle sagten es, und es gab einen unter den jungen Leuten, der geträumt hatte, er wäre ins Schloß gegangen und hätte den gnädigen Herrn erschlagen mit seiner Mistforke, und so aufgebracht war man, so zu Ende, so überreizt, daß alle zuhörten, als er seinen Traum erzählte, und ihn, ganz ohne es zu

wissen, daraufhin ansahen, ob er solcher Tat wohl gewachsen sei. So fühlte und sprach man in der ganzen Gegend, in der man den Kammerherrn noch vor einigen Wochen geliebt und bedauert hatte. Aber obwohl man so sprach, veränderte sich nichts. Christoph Detlevs Tod, der auf Ulsgaard wohnte, ließ sich nicht drängen. Er war für zehn Wochen gekommen, und die blieb er. Und während dieser Zeit war er mehr Herr, als Christoph Detlev Brigge es je gewesen war, er war wie ein König, den man den Schrecklichen nennt, später und immer.

Das war nicht der Tod irgendeines Wassersüchtigen, das war der böse, fürstliche Tod, den der Kammerherr sein ganzes Leben lang in sich getragen und aus sich genährt hatte. Alles Übermaß an Stolz, Willen und Herrenkraft, das er selbst in seinen ruhigen Tagen nicht hatte verbrauchen können, war in seinen Tod eingegangen, in den Tod, der nun auf Ulsgaard saß und vergeudete.

Wie hätte der Kammerherr Brigge den angesehen, der von ihm verlangt hätte, er solle einen anderen Tod sterben als diesen. Er starb seinen schweren Tod.

Und als ob es noch eines materielle Beweises für die Verwandtschaft zwischen Ulsgaard und Haseldorf bedurfte hätte, taucht eine kunstvolle Silberarbeit, die sich auf Haseldorf erhalten hatte, in Rilkes „Malte" wieder auf: *Aber da schob sich links von dem großen silbernen Schwan, der mit Narzissen gefüllt war, die große Maske des Alten hervor mit ihrem grauen Lächeln.*

Von Haseldorf aus unternahm Rainer Maria Rilke einen Ausflug an die Nordsee auf die Insel Pellworm. Dort war zwei Jahrzehnte zuvor Detlev von Liliencron, einer von Rilkes lyrischen Ahnherrn, als Hardesvogt eine Amtsperson, Rilke mag auf Pellworm auf Liliencrons Spuren gewandelt sein. Zweck des Ausflugs war ein Zusammentreffen der kleinen Familie Rilke. Rilkes Frau Clara und beider Tochter Ruth waren, während er selbst noch in Haseldorf wohnte, in Holland an der See. Dort war ihnen jedoch das Klima zu hart und sie reisten nach Pellworm. Die Insel war damals noch ein Geheimtipp und deshalb preiswert. Rilke wollte seine Familie sehen und fuhr mit dem Zug nach Husum und von dort mit dem Wattdampfer auf die Insel. Unter dem 11. Juni schreibt er seiner Mutter von Pellworm, berichtet, dass die Familie schöne Spaziergänge in der Insel-Einsamkeit mache, berichtet von alten Häusern und der noch älteren Kirche. Familie Rilke mochte nicht baden, der Kälte wegen, aber sie genoss die reine Luft.

Und gearbeitet hat der Dichter dort wohl auch: Seinem Berliner Verleger schrieb er:

Auf Pellworm
Am 15. Juni 1902
Mein lieber Herr Juncker,
Ich bin unerwartet für einige Tage auf Pellworm ge-
reist (eine einsame Insel voll Vergangenheiten, wo
meine Frau gerade weilt-) und die Correctur ist mir
her nachgekommen. Ich lese sie im Augenblick, da ich
sie erhielt. Übermorgen abends bin ich aber wieder in
Haseldorf, sodaß die angegebene Haseldorfer Adresse
gültig bleibt.

Zwar dauerte der Aufenthalt wohl nur vom 11. bis
zum 17. Juni, Familie Rilke wohnte in Blohms Gasthof, aber die Pellwormer Tage sind dem Dichter in
nachhaltiger Erinnerung geblieben. Wie sonst wäre es
zu erklären, dass er, inzwischen in Paris lebend, am
1. Januar 1903 eine Neujahrskarte nach Schleswig-
Holstein schickte:

Herrn Gastwirt Martin Blohm, auf Pellworm über
Husum (Holstein, Halligen)
In Erinnerung an die schönen Sommertage dem
Hause Martin Blohm viele Neujahrsgrüße aus Paris
von R. M. und Frau Clara Rilke

Noch Jahre später, 1907, wird in den drei Rilke-
Gedichten von der Nordsee das Pellworm-Erlebnis des
Dichters wieder wirksam und sichtbar:

Nordsee
Die Insel

I.
DIE nächste Flut verwischt den Weg im Watt,
Und alles wird auf allen Seiten gleich;
Die kleine Insel draußen aber hat
Die Augen zu; verwirrend kreist der Deich

Um ihre Wohner, die in einen Schlaf
Geboren werden, drin sie viele Welten
Verwechseln, schweigend; denn sie reden selten,
Und jeder Satz ist wie ein Epitaph

Für etwas Angeschwemmtes, Unbekanntes,
Das unerklärt zu ihnen kommt und bleibt.
Und so ist alles was ihr Blick beschreibt

Von Kindheit an: nicht auf sie Angewandtes,
Zu Großes, Rücksichtsloses, Hergesandtes,
Das ihre Einsamkeit noch übertreibt.

II.
ALS läge er in einem Krater-Kreise
Auf einem Mond: ist jeder Hof umdämmt,
Und drin die Gärten sind auf gleiche Weise
Gekleidet und wie Waisen gleich gekämmt

Von jenem Sturm, der sie so rauh erzieht
Und tagelang sie bange macht mit Toden.
Dann sitzt man in den Häusern drin und sieht
In schiefen Spiegeln was auf den Kommoden

Seltsames steht. Und einer von den Söhnen
Tritt abends vor die Tür und zieht ein Tönen
Aus der Harmonika wie Weinen weich;

So hörte ers in einem fremden Hafen –.
Und draußen formt sich eines von den Schafen
Ganz groß, fast drohend, auf dem Außendeich.

III.
NAH ist nur Innres; alles andre fern.
Und dieses Innere gedrängt und täglich
Mit allem überfüllt und ganz unsäglich.
Die Insel ist wie ein zu kleiner Stern

Welchen der Raum nicht merkt und stumm zerstört
In seinem unbewußten Furchtbarsein,
So daß er, unerhellt und überhört,
Allein

Damit dies alles doch ein Ende nehme
Dunkel auf einer selbsterfundnen Bahn
Versucht zu gehen, blindlings, nicht im Plan
Der Wandelsterne, Sonnen und Systeme.

Nach allem, was man heute weiß, ist der Schriftsteller
Hans Henny Jahnn (1894–1959) Rilke nie persönlich
begegnet. Aber in seiner Phantasie war er ihm nahe.
Seinem Tagebuch vertraute er im Dezember 1915 an:
Damals las ich zum erstenmal die Aufzeichnungen
des Malte Laurids Brigge von Rainer Maria Rilke. Sie
ließen mich nicht los, und ich begriff, warum mir im-
mer Furcht vorm Dunkeln und vor Gespenstern war,
weil ich innerlich wußte, daß sie da waren, und daß sie
eines Tages sich mir vorstellen würden. In einer Ge-
schichte erzählt Jahnn, wie Rilke auf einer Fähre von
Dagebüll nach Amrum unter Seekrankheit litt. Auch
das hat der Erzähler Jahnn wohl erfunden.

STATT EINES NACHWORTS:
CHRISTIAN MORGENSTERN: „ZU NIBLUM WILL ICH BEGRABEN SEIN."

Der Schriftsteller Christian Morgenstern (1871–1914), der zum Freundeskreis des Anthroposophen Rudolf Steiner (1861–1925) und zu den Lesern, wenn nicht sogar Jüngern des antisemitischen Kulturphilosophen und Kulturkritikers Paul de Lagarde (1827–1891) gehörte, ist heute vor allem als Dichter literarischer Hochkomik bekannt, einige seiner Verse – etwa *Und er kommt zu dem Ergebnis: / „Nur ein Traum war das Erlebnis. / Weil", so schließt er messerscharf, / „nicht sein kann, was nicht sein darf"* – wurden zu geflügelten Worten. Seinen literarischen Durchbruch schaffte er mit seinem im März 1905 erschienenen Gedichtband „Galgenlieder". Wenn der in München geborene und zumeist in Berlin lebende Christian Morgenstern in den Norden reiste, etwa nach Helgoland oder nach Sylt, dann wandelte er auf familiären Spuren. Sein in Hamburg geborener Großvater Christian Morgenstern (1805–1867) hatte die Kopenhagener Akademie besucht, bevor er nach München verzog. Er war Landschaftsmaler und fand seine Motive etwa in Norwegen, aber auch auf Helgoland. Auch des Dichters Vater Carl Ernst Morgenstern (1847–1928) war Landschaftsmaler und unterrichtete an der Königlichen Kunstschule in Breslau.

Es war wohl ein ärztlicher Rat, der Christian Morgenstern 1895 nach Sylt reisen ließ, von wo er unter dem 2. September schrieb: *Ich liege fast den ganzen Tag am Meer.* Zehn Jahre später, im Sommer 1905, war er zu Gast auf der Insel Föhr. Der in Berlin arbeitenden Schauspielerin Helene Fehdmer-Kayßler (1872–1939) schrieb der Lyriker unter dem 3. Juli 1905:

Liebe Lene,

nun sollst Du die erste sein, die aus Föhr etwas von mir erfährt. Vorgestern, Freitagnachmittag, bin ich bei heftigem Wind von Schleswig-Holstein herüber angekommen und schon ganz verliebt in die Insel. Sie mutet mich durch ihre Bewohner wie ihre Landschaft heimatlich an, und darf es wohl, da ich ja im zweiten Gliede von der Waterkant stamme. Dazu hat mich ein glücklicher Zufall in eines der mehr im Innern liegenden Friesendörfer verschlagen, wo mir infolge gemeinsamer Unterstützung meines hiesigen Doktors und der friesischen Dichtern Stine Andresen, die ein Haus weiter wohnt – die Lyrikerin Stine Andresen

(1849–1927) wurde in Boldixum geboren, verbrachte den Großteil ihres Lebens ebenda und ist dort auch gestorben –, *das „gute Stübchen" einer älteren Witwe eingeräumt worden ist, ein Schmuckstück von Sauberkeit und Nettigkeit. Vor der Front des einstöckigen Hauses stehen fünf alte Erlen, durch die man auf die Marschen hinaussieht. Und diese Marschen, flaches Weideland, unendlich scheinend wie das Meer und mit seinem verstreuten Vieh von tiefem Reiz, scheinen meine besondere Liebe werden zu sollen. Sie haben eine entfernte Verwandtschaft mit Teilen der römischen Campagna, aber sie haben dazu noch die Stimmung einer ewigen Gefährdetheit durch das Meer, und sie sind deutsches Land.*

Nachbarschaft und Wohnambiente schienen Morgenstern ganz nordisch-ursprünglich und hatten mit dem modernen 20. Jahrhundert scheinbar nichts gemein:

Links von mir hat ein alter Kapitän sein kleines Haus, der dreißig Jahre auf allen Meeren gefahren ist und mit dem ich schon eine Schachpartie (!) verabreden durfte. Rechts ist eine einfache Wirtschaft mit einer Wirtsstube, die Ihr sehen müsst. Niedrig, braunes Holz, dicke Deckenbalken, quadratische Fenster, quadratische Tische, das Ganze in Form eines Winkelmaßes. Die Küche mit Bodenplatten aus norwegischen Felsen und einen Friesenkamin, in den nur jetzt ein sogenannter Sparherd hineingesetzt ist. Das Haus ist 1755 von einem Kapitän erbaut.

Und so ursprünglich wie diese Lebenswelt schienen Morgenstern auch die Inselbewohner:

Die Föhringer selbst scheinen ein vortrefflicher Menschenschlag zu sein. Unter den Frauen sieht man viele frische Anmut, fast alle haben sie prächtiges Haar, dessen kranzartig auf dem Hinterkopf ruhendes Geflecht malerische schwarze Kopftücher umrahmen, aber nicht bedecken, und blendend weiße Zähne …

Und dieser Brief schließt:

Die See ist freilich nicht so gewaltig wie bei Sylt, aber man wird auch ihre stilleren Reize schätzen lernen. Als ich sie vom Damm von Dagebüll nach acht oder neun Jahren zum ersten Male wiedersah – ich meine just diesen charakteristischen Teil um die Inseln und Halligen – versagte mir doch einen Augenblick der Atem.

In einem weiteren Brief von der Insel wurde ihm die Hallig – wie eine Variation auf den Untergang der sagenhaften Ostseestadt Vineta – angesichts der ständigen Bedrohung der nordfriesischen Insel- und Halligwelt durch die Nordsee zum Memento Mori:

… Diese Landschaft hat gar nichts Äußerliches, Lautes, sie spricht selbst fast nicht, sie singt höchstens leise an stillen sonnigen Abenden, wenn das Meer wie ein Spiegel grünblau mit dem Himmel zusammenzurinnen scheint, wenn auf den westlichen Wänden der Halligwerften ein leuchtender Schein liegt und die weiten Geesten und Marschen mit ihren zerstreut weidenden Pferden, Kühen und Schafen eine beschauliche Wehmut atmen. Die sanfte Großzügigkeit der Menschen ausgenommen. Alles ist lieblich und gut, schlicht, ohne ärmlich zu sein, beschränkt, ohne der Weite zu entbehren. Die Halligen allein grüßen wie eine immerwährende Mahnung vergänglichen Erdenlebens darüber. Untergegangene und dem Untergang geweihte Dörfer sind vielleicht noch nichts eigentlich Tragisches; denn hier stand und steht kein tiefer Besitz der Menschheit auf dem Spiele; aber sie sind doch ein Akkord in der großen Erdensymphonie „Vineta"…

Morgenstern ist, bevor es nach Berlin zurückging, von Föhr aus noch einige Tage nach Sylt gereist, über das er einst dichtete:

Sylt – Rantum

Weil ich nur dieses Donnern wieder höre,
Dies Mahlen einer ungeheuren Mühle,
Weil ich nur diesen Flugsand wieder fühle
Und dieser Möwen Ruhe wieder störe!

Du abendliche Klarheit dort im Westen,
Sei mir ein Bild von naher Tage Glück.
Still leg ich mich ins Dünengras zurück.
Nicht wie ich will, - wie Es will, ist's am besten.

Aber das Erleben von Werden und Vergehen, das der Lyriker auf Föhr wahrgenommen hat, inspirierte ihn Jahre später zu einem melancholischen Abschiedsgedicht. In diesem Gedicht hat das lyrische Ich einen besonderen Wunsch: Nämlich dass seine letzte Reise über Föhr führen möchte:

Zu Niblum will ich begraben sein,
Am Saum zwischen Marsch und Geest.
Dort holt mich wohl einmal die Nordsee heim,
Die immer meine Mutter gewest;
Holt mich in ihre Tiefen heim,
Die immer meine Mutter gewest.

Ich hör den Wind nicht rauschen,
Daß ich nicht dächte dein,
Muß immer nur liegen und lauschen
Die Augen schließen und lauschen
In sein Gebraus hinein.

Er kommt über dich gestrichen
Und trägt so herben Duft,
Mit Tönen heimatlichen
Erfüllt sich rings die Luft:
Die Boote zerren am Pflocke,
Die Brandung schlürft und zischt,
Und fernher summt eine Glocke
Von Amrum über den Gischt.

Zu Niblum will ich mich rasten aus
Von aller Gegenwart.
Und schreibt mir dort auf mein steinern Haus
Nur den Namen und: ‚Lest Lagarde'!
Ja, nur die zwei Dinge klein und groß:
Diese Bitte und dann meinen Namen bloß.
Nur den Namen und: ‚Lest Lagarde'.

Das Inselchen Mutterland dorten, nein
Das will ich nicht verschmähn.
Holt mich doch dort bald die Nordsee heim
Mit steilen, stürzenden Seen –
Das Muttermeer, die Mutterflut …
O wie sich gut dann da drunten ruht,
Tief fern von deutschem Geschehn.

LITERATUR

Adrian von Buttlar/Margita Marion Meyer (Hg.), Historische Gärten in Schleswig-Holstein. Heide 1996.

Horst Joachim Frank, Literatur in Schleswig-Holstein. Bd. 3.1. 19. Jahrhundert: Im Gesamtstaat. Bd. 3.2. 19. Jahrhundert: In Preußen und im neuen Reich. Neumünster 2004.

Jutta Kürtz, Badeleben an Nord- und Ostsee. Kleine Geschichte der Sommerfrische. Heide 1994.

Ulrich Lange (Hg.), Geschichte Schleswig-Holsteins. Von den Anfängen bis zur Gegenwart. Neumünster 1996.

Frank Trende, Historische Orte erzählen Schleswig-Holsteins Geschichte. Heide 2004.

Johann Gottfried Seume

Ausflucht in den Norden. Über Johann Gottfried Seumes Reise im Sommer 1805. Zwei Beiträge von Dirk Sangmeister und Wolfgang Griep. Eutiner Bibliothekshefte 8. Eutin 2004.

Wolfgang J. Müller, Gäste im Lande: Johann Gottfried Seume in Holstein, Herbst 1805. In: Kunst in Schleswig-Holstein 1961. Jahrbuch des Schleswig-Holsteinischen Landesmuseums Schleswig. Flensburg 1961. S. 53–58.

Ernst-Günther Prühs, Gottfried Seumes Besuch in Eutin 1805. In: Jahrbuch für Heimatkunde Eutin. Herausgegeben vom Verband zur Pflege und Förderung der Heimatkunde im Eutinischen. Band. 24, S. 88–89. Eutin 1990.

Dirk Sangmeister, Welch ein Geist, welch ein Herz! Von Sachsen nach Syrakus: Am 6. Dezember 1801 brach der Dichter Johann Gottfried Seume zum berühmtesten Spaziergang der deutschen Literaturgeschichte auf. In: Die Zeit, 6. Dezember 2001.

Johann Gottfried Seume, Mein Sommer 1805. Nördlingen 1987.

Frank Trende, Schleswig und Holstein zur Goethezeit. In: Dieter Lohmeier/Urs Schmidt-Tollgreve/Frank Trende, Heinrich Christian Boie – Literarischer Mittler in der Goethezeit. S. 33–52. Heide 2008.

Eberhard Zänker, Johann Gottfried Seume – Eine Biographie. Leipzig 2005.

Heinrich Heine

Zwischen Harz und Helgoland: Heinrich Heine in Norddeutschland. Ausgewählt und eingerichtet von Georg Ruppelt in Zusammenarbeit mit Marita Simon. Hameln 2004.

Heinrich Heine auf Helgoland: Briefe, Berichte und Bilder aus den ersten Jahren des Seebads Helgoland. Gesammelt und herausgegeben von Eckard Wallmann. 2. erw. Auflage. Helgoland 2002.

Manfred Wedemeyer, „Ich liebe das Meer wie meine Seele": Heinrich Heine und die Nordsee. In: Schleswig-Holstein: Kultur, Geschichte, Natur. 11/2006, S. 2–3. Husum 2006.

Hans Christian Andersen

Aus Andersens Tagebüchern. Herausgegeben von Heinz Barüske. 2 Bände. Frankfurt am Main 1980.

Hans Christian Andersen, Eines Dichters Basar. Nach der ersten Übersetzung von 1843 herausgegeben von Gisela Perlett. Weimar o.J.

Hans Christian Andersen, Elisabeth auf Ohland. Auszug aus Hans Christian Andersen, Die beiden Baroninnen. Herausgegeben von Erik Gloßmann. Husum 2005.

Hans Christian Andersen, Umrisse einer Reise von Kopenhagen nach dem Harze, der Sächsischen Schweiz und über Berlin zurück. Nach der Originalausgabe Berlin 1839. Börgerende-Rethwisch 2005.

Jens Andersen, Hans Christian Andersen – Eine Biographie. Frankfurt am Main/Leipzig 2005.

Elias Bredsdorff, Hans Christian Andersen – Ein Biographie. Reinbek 1993.

Heinrich Detering, Andersen und andere – Kleine dänisch-deutsche Kulturgeschichte Kiels. Heide 2005.

Antje Erdmann-Degenhardt, Hans Christian Andersen: schleswig-holsteinische Reisebilder. In: Schleswig-Holstein: Kultur, Geschichte, Natur. 4/2005, S. 1–6. Husum 2005.

Lars N. Henningsen/Johan de Mylius, Jeder liebt seine Farbe – Die Herzogtümer und Hans Christian Andersen. Flensburg 2005.

Gundula Hubrich-Messow: Hans Christian Andersen und eine Sage aus Schleswig. In: Schleswig-Holstein: Kultur, Geschichte, Natur. 3/2005, S. 7–8. Husum 2005.

Frank Jung, „Es ist also nichts zu wollen, ich muss los", in: Flensburger Tageblatt, Beilage die illustrierte, Sonderausgabe zum 200. Geburtstag von H. C. Andersen, 2. April 2005.

Bernd Langmaack, Hans Christian Andersen in Rendsburg. In: Rendsburger Jahrbuch, herausgegeben vom Kreisverein Rendsburg für Heimatkunde und Geschichte. Bd. 42, S. 45–53. Rendsburg 1992.

Wilhelm Sager, Hans Christian Andersen: Reisebilder aus den Herzogtümern Schleswig und Holstein sowie aus Lübeck. In: Schleswig-Holstein: Kultur, Geschichte, Natur. 2/2000, S. 1–6. Husum 2000.

Kai H. Thiele, Empfindsame Reise – Die Fahrt des Dichters Hans Christian Andersen zur königlichen Sommerresidenz in Wyk auf Föhr im Sommer 1844. Flensburg 1980.

Frank Trende, Ein Reisender auf der Flucht vor sich selbst. In: Lübecker Nachrichten, 27./28. 03. 2005.

Frank Trende, „Sieh, sieh, es kommt ein Sturm auf!": Gustav Frenssens Erzählung „Die Witwe von Husum". In: Schleswig-Holstein: Kultur, Geschichte, Natur. 12/2006, S. 6–9. Husum 2006.

Theodor Fontane

Antje Erdmann-Degenhardt, Christoph von Tiedemann, Wilhelm von Kügelgen und Theodor Fontane: Dichter und Maler auf Föhr (Teil 2). In: Schleswig-Holstein: Kultur, Geschichte, Natur. 10/2001. S. 1–6. Husum 2001.

Theodor Fontane, Der Schleswig-Holsteinsche Krieg im Jahre 1864. Nachdruck der Erstausgabe Berlin 1866. Düsseldorf/Köln 1978.

Theodor Fontane, Reise im September 1864. In: Lübeck in alten und neuen Reisebeschreibungen. Düsseldorf 1991. S. 170–172.

Theodor Fontane, Unwiederbringlich. Roman, neu herausgegeben und mit Nachwort und Kommentar versehen von Helmuth Nürnberger. München 1995.

Gudrun Perrey/Hans-Jürgen Perrey, Theodor Fontane in Schleswig-Holstein und Hamburg, Hamburg 1998.

Marie-Louise von Plessen, Bosporus an der Ostsee: Fontane als Kriegsberichterstatter in Schleswig und Holstein 1864. In: Schleswig-Holstein Musik Festival: Almanach 1988. S. 105–110.

Eckart Reblin, Schleswig in der Beschreibung Theodor Fontanes im Umfeld der Jahre 1848 bis 1866. In: Beiträge zur Schleswiger Stadtgeschichte. Herausgegeben im Auftrag der Gesellschaft Schleswiger Stadtgeschichte. Band 50 2005. S. 101–113.

Gerd Stolz, Theodor Fontanes „Unwiederbringlich" – Ein Erzählwerk zwischen zwei Nationalitäten. In: Nordschleswig: Landschaft, Menschen, Kultur. Herausgegeben von Gerd Stolz und Günter Weitling für den Bund Deutscher Nordschleswiger. S. 133–142. Husum 1995.

Gerd Stolz, „… für Schleswig-Holstein war ich vom ersten Augenblick an Feuer und Flamme gewesen": Theodor Fontane und Schleswig-Holstein; zu seinem 100. Todestag am 20. September 1998. In: Schleswig-Holstein: Kultur, Geschichte, Natur. 9/1998. S. 2–6. Husum 1998.

Gerd Stolz: „Deutsch, aber nicht preußisch soll es sein": Zur historisch-politischen Dimension von Theodor Fontanes Roman „Unwiederbringlich". In: Die Heimat. Zeitschrift für Natur- und Landeskunde von Schleswig-Holstein und Hamburg. Herausgegeben vom Verein zur Pflege der Natur- und Landeskunde in Schleswig-Holstein und Hamburg. S. 69–75. Husum 2001.

Wilhelm Raabe

Wilhelm Raabe, Briefe 1842–1870. Herausgegeben von William Webster. Berlin 2004

Werner Fuld, Wilhelm Raabe. Eine Biographie. München/Wien 1993.

Wilhelm Raabe, Ein deutscher Mondschein. Sämtliche Werke. Zweite Serie, Band 3. Berlin o. J. S. 221–243.

Hans Rohde, Wilhelm Raabe auf Sylt. In: Zwischen Eider und Wiedau 1966, S. 40–43.

Kurt Lothar Tank, Die Entdeckung einer Insel – Schriftsteller sehen Sylt. In: Kurt Lothar Tank (Hg.), Sylter Lesebuch. S. 7–52, insbes. S. 26–31.

Manfred Wedemeyer, Der Mond als Feind – Wilhelm Raabes Sylter Erzählung „Deutscher Mondschein". In: Die Heimat, Band 88, 1981, S. 32–33.

Jules Verne

Volker Dehs, Jules Verne. Biographie. Düsseldorf 2005.

Jules Verne, Reise nach dem Mittelpunkt der Erde. Wien/Pest/Leipzig 1874.

Jules Verne in Schleswig-Holstein – Bericht von Paul Verne, herausgegeben und mit einem Nachwort versehen von Frank Trende. Husum 2005.

Gerhard Preuß, Die Eiderkanalpassage der Brüder Jules und Paul Verne im Jahre 1881. Hauptbeitrag und Nachtrag. In: Mitteilungen des Canal-Vereins. Rendsburg. Band 20, 1999, S. 37–56. Band 21, 2000, S. 83–86.

Frank Trende, Mit der Dampfyacht durch den Eiderkanal: Jules Vernes Reise durch Schleswig-Holstein. In: Bauernblatt für Schleswig-Holstein. 37/1991, S. 26. Rendsburg 1991.

Frank Trende, Mit Jules Verne durch Schleswig-Holstein. Teil 1: Ankunft in Tönning. Teil 2: Den Eiderfluß hinauf. Teil 3: Kiel – das Brighton Norddeutschlands. In: Schleswig-Holsteinische Landeszeitung. 1999. 10. 07. 1999, Sommer-Zeitung, S. 6. 17. 07. 1999, Sommer-Zeitung, S. 6. 24. 07. 1999, Sommer-Zeitung, S. 6.

Frank Trende: Erinnerungen an eine literarische Reise durch Schleswig-Holstein: Vor 100 Jahren starb Jules Verne. In: Schleswig-Holstein: Kultur, Geschichte, Natur. 3/2005, S. 1–2. Husum 2005.

Frank Trende: Unterwegs auf dem Eiderkanal: Jules Vernes Reise und Paul Vernes Bericht. In: Jahrbuch der Heimatgemeinschaft Eckernförde. S. 153–162. Eckernförde 2006.

Erskine Childers

Erskine Childers, Das Rätsel der Sandbank – Ein Bericht des Geheimdienstes. Zürich 1975.

Eva Horn, Der geheime Krieg – Verrat, Spionage und moderne Fiktion. Frankfurt am Main 2007. Insbes. S. 167–178.

Leonard Piper, Dangerous Waters – The Life an Death of Erskine Childers, Hambledon/London 2003. Insbes. S. 19–37.

Jim Ring, Erskine Childers, London 1996.

August Strindberg

Otto von Fisenne, Zum 100. Geburtstag von Franz Kafka am 3. Juli 1983 – Aufzeichnungen von einer Badereise des Dichters nach Helgoland im Sommer 1901. In: Schleswig-Holstein 7/1983, S. 20–23. Husum 1983.

Olof Lagercrantz, Strindberg. Frankfurt am Main 1980.

Frida Strindberg, Lieb, Leid und Zeit. Hamburg 1936.

August Strindberg, Kloster/Einsam. Zwei autobiographische Romane. Düsseldorf 1967.

Strindbergs Hochzeit auf Helgoland: Briefe, Berichte und Bilder aus der Blütezeit des Seebads Helgoland. Gesammelt, herausgegeben und kommentiert von Eckard Wallmann. Helgoland 2000.

Rainer Maria Rilke

Briefe an Axel Juncker von Rainer Maria Rilke. Herausgegeben von Renate Scharffenberg. Frankfurt am Main 1979. S. 70–76.

Der Briefwechsel und andere Dokumente zu Rilkes Begegnung mit Rodin. Herausgegeben von Rätus Luck. Frankfurt am Main 2001. S. 28–29.

Antje Erdmann-Degenhardt, Pellworm und Rainer Maria Rilke. In: Schleswig-Holstein: Kultur, Geschichte, Natur. 12/2004, S. 3–6. Husum 2004.

Unter diesem Himmel. Erlebte Nordsee. Ausgewählt von Horst Kutzer. Hildesheim 1996.

Frauke Lühning, Einflüsse auf Rilkes „Malte Laurids Brigge" von Haseldorf und dänischen Buchveröffentlichungen. In: Kunst in Schleswig-Holstein 1959. Jahrbuch des Schleswig-Holsteinischen Landesmuseums Schleswig. Flensburg 1959. S. 53–76.

Heiko O. M. Peters, Leserbrief zum 100. Geburtstag von Blohms Gasthof. In: De Pellwormer. 7/2004, S. 2. Pellworm 2004.

Donald A. Prater, Ein klingendes Glas. Das Leben Rainer Maria Rilkes. München/Wien 1986.

Dierk Puls, Rainer Maria Rilke schreibt aus Haseldorf. In: Jahrbuch für den Kreis Pinneberg, herausgegeben vom Heimatverband für den Kreis Pinneberg. S. 91–97. Pinneberg 1991.

Rainer Maria Rilke, Sämtliche Werke. Band 1–6, Band 1. Wiesbaden und Frankfurt a. M. 1955–1966. S. 538.

Rainer Maria Rilke, An Clara Rilke: Schloss Haseldorf in Holst., am 5. 6. 1902. In: Musikfeste auf dem Lande 1990. S. 42–43.

Rainer Maria Rilke, Briefe an die Mutter. 1896–1926. Herausgegeben von Hella Sieber-Rilke. Band 1: 1896–1909. Frankfurt am Main und Leipzig (in Vorber.).

Brigitta Seidel, Rilke auf Pellworm. In: De Pellwormer. 7/2004, S. 3–4. Pellworm 2004.

Hans-Peter Widderich, Wie Nachforschungen über ein Porträtgemälde in Thamsens Gasthaus zu Bongsiel auf den Weg zu Nachrichten führten, die der Dichter Rainer Maria Rilke über Glückstadt und Albert und Martha Kuhlmann erhielt: oder: Vom Hundertsten ins Tausendste. In: Vorträge der Detlefsen-Gesellschaft zu Glückstadt. Heft 5, S. 90–103. Glückstadt 2002.

Christian Morgenstern
Gäste im Land – Christian Morgenstern. In: Kunst in Schleswig-Holstein 1955. Jahrbuch des Schleswig-Holsteinischen Landesmuseums Schleswig. Flensburg 1955. S. 67–70.

DANK

Für freundlich gewährte Hinweise und Hilfestellungen danke ich Herrn Professor Dr. Heinrich Detering, Göttingen, Herrn Dr. Peter Höfle, Insel Verlag, Frankfurt am Main, Herrn Professor Dr. Karl Ernst Laage, Husum, Herrn Professor Dr. Dieter Lohmeier, Kiel, Herrn Heiko O. M. Peters, Hamburg, Herrn Martin Rackwitz, Kiel, und Frau Hella Sieber-Rilke, Gernsbach. Dem Verlagsleiter des Boyens Buchverlags, Herrn Bernd Rachuth, danke ich für abermalige freundschaftliche und konstruktive Zusammenarbeit.

BILDNACHWEIS

Altonaer Museum – Norddeutsches Landesmuseum, Hamburg, 24, 25, 102 un – Andersen-Museum, Odense, 29 – Graf Adelbert Baudissin, Schleswig-Holstein Meerumschlungen 1865, 18 (3), 31, 43, 50 ob, 51 (2), 66 un, 70 (2), 71, 84 – Landesamt für Denkmalpflege, Kiel, 38, 39 – Archiv Diogenes Verlag, Zürich, 77 – Museumsberg Flensburg, 92, 93 un, 97 ob – Theodor Fontane, Der Schleswig-Holsteinsche Krieg im Jahre 1864, Berlin 1866, Neudruck 1978, 62 – Werner Fuld, Wilhelm Raabe, München, Wien 1993, 66 ob – Museum für Hamburgische Geschichte, Hamburg, 48 un – Lars N. Henningsen – Johan de Mylius, Jeder liebt seine Farbe, Flensburg 2005, 42, 43, 46 ob – Kat. Holstein, wie es sich wirklich gezeigt, Lübeck 1988, 18 un li, 20 un – Jürgen Jensen, Kieler Stadtporträt 1870/1920, Heide 2002, 100 ob – Kunsthalle zu Kiel, 67 – Könnecke, Bilderatlas zur Geschichte der deutschen Nationallitteratur, Marburg 1895, 11, 21, 49, 65 – Melitta Kolberg, 8/9, 12/13, 16/17, 32/33, 40/41, 44/45, 52/53, 56/57, 60/61, 68/69, 72/73, 78/79, 82/83, 86/87, 94/95, 98/99, 104/105, 118/119 – Museum für Kunst und Kulturgeschichte der Hansestadt Lübeck, 30 – Schleswig-Holsteinische Landesbibliothek, Kiel, 7, 15 un, 26, 54, 58 (2), 64, 74, 75, 103, 107 (2), 109, 110 – Stiftung Schleswig-Holsteinische Landesmuseen, Schleswig, 14, 15 ob, 20, 76 – Arnold Lühning, Schleswig, 117 – Hans-Peter Mühlbach, 112/113 – Musee Jules Verne Nantes/Amis de la Bibliotheque municipal de Nantes, Mediatheque, 81 – G. Perrey/H.-J. Perrey, Theodor Fontane in Schleswig-Holstein und Hamburg, Hamburg 1998, 62, 63 – Privatbesitz Heiko O.M. Peters, Hamburg, 120 (2) – Richard Pettit, Rainer Maria Rilke und seine Künstlerfreunde in Worpswede, Worpswede 2001, 111 – Leonhard Piper, Dangerous Waters, 91, 96 – Thomas Radbruch, 36, 37 – Archiv Stadt Rendsburg, 48 ob – Jim Ring, Erskine Childers, 97 un – Ulrich Schulte-Wülwer, Künstlerkolonie Ekensund, Heide 2000, 93 ob – Ulrich Schulte-Wülwer, Föhr, Amrum und die Halligen in der Kunst, Heide 2003, Umschlag – Walter Schulz, Der Nord-Ostsee-Kanal, Heide 1986, 100 un – Heiko K.L. Schulze, Kiel, 47 – Peter Schuster, 22/23 – Gerd Stolz, Der alte Eiderkanal, Heide 1983, 88 un – August Strindberg und Frida Uhl, Briefwechsel 1893–1902, Weitra 1993, 101, 102 ob – Gisela Thietje, Der Eutiner Schlossgarten, Neumünster 1994, 19 – Der Todtentanz in der Marienkirche zu Lübeck, Lübeck 1866, Neudruck, 34, 35 – Archiv Frank Trende, 88 ob, 116 (2) – Jules Verne, Die Jangada, 85, 89, 90 – Friedrich von Warnstedt, Die Insel Föhr und das Wilhelminen Seebad 1824, Schleswig 1824, 46 un.

Düppel

Westerland

Glücksburg

Stadum

Föhr

Flensburg

Schlesw

Hooge

Lo

Husum

Tönning

Rendsb

Heide

Helgoland

Kanal Passage

Willer

Brunsbüttel

Itzehoe

Breitenburg

Haseldorf

Alto

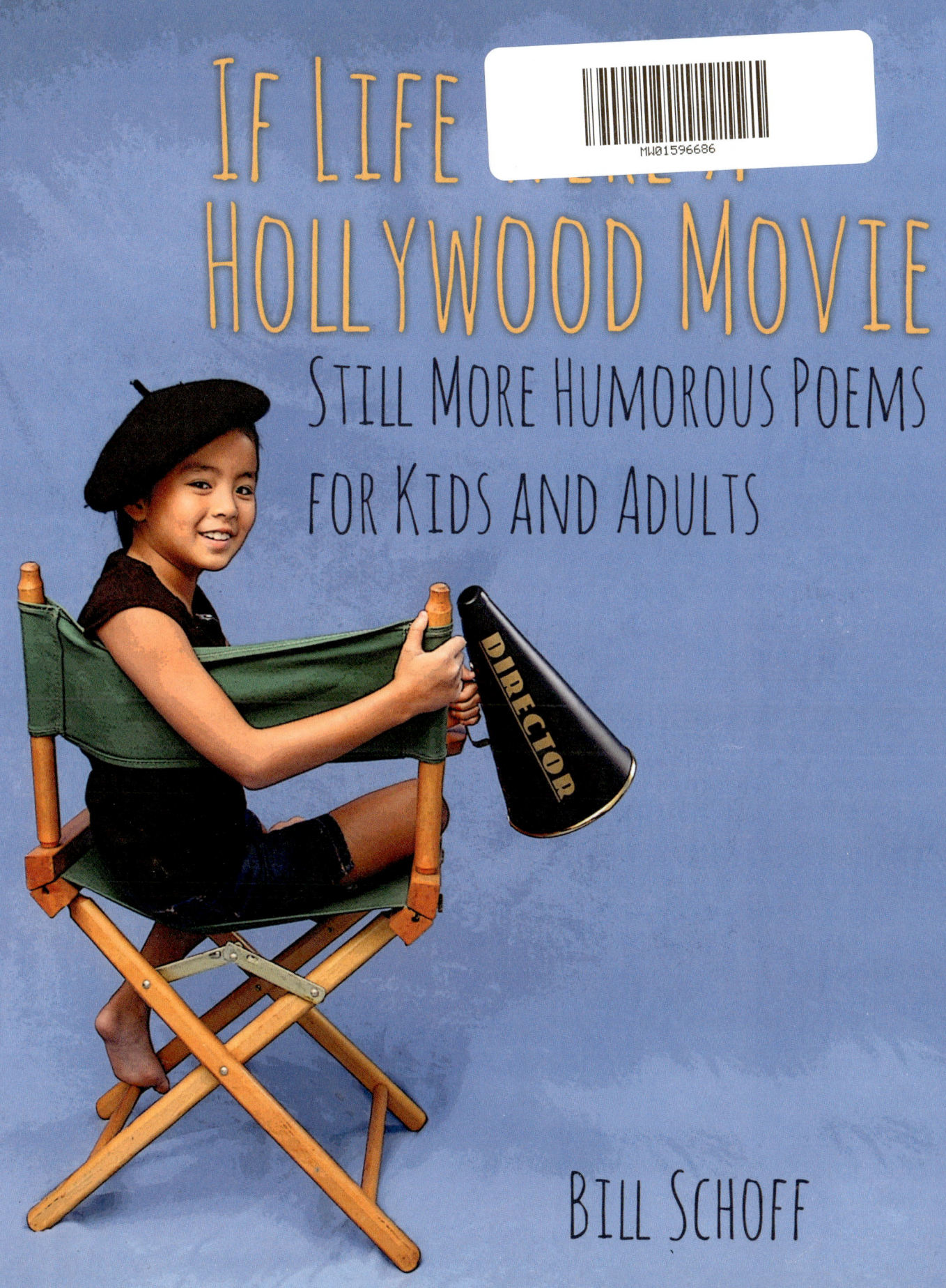

If Life Were A Hollywood Movie
Still More Humorous Poems for Kids and Adults
All Rights Reserved.
Copyright © 2013 Bill Schoff
V3.0

Cover Photo © 2013 Bill Schoff. All rights reserved - used with permission.

Outskirts Press, Inc.
http://www.outskirtspress.com

ISBN: 978-1-4787-1708-9

Outskirts Press and the "OP" logo are trademarks belonging to Outskirts Press, Inc.

PRINTED IN THE UNITED STATES OF AMERICA

From the Author

Welcome to my third book, *If Life Were a Hollywood Movie*. As with my previous two books, not only have I written the poems but created the illustrations as well. The one exception is "The Schnums." Those illustrations were drawn by Liam Nugent, a young boy who also requested and inspired me to write that poem. So my thanks to you, Liam! I also wish to thank the many models, their parents, and my good friend Kathy, who helped with the props. I couldn't have done it without you!

I wish to dedicate this book to my mother Nancy,
my sister Patty, and my brother Mike.

Table of Contents

If Life Were A Hollywood Movie...

If Life Were a Hollywood Movie

If life were a Hollywood movie,
With myself both director and star,
Every time I cried, "**Action!**"
I'd achieve satisfaction,
Making the best motion picture by far.

Every detail would need my approval,
Since I'd be commander and chief.
I'd have total control,
Play the juiciest role,
With grown-ups just comic relief.

I'd bark to the cameraman, "Roll 'em!"
Then do what I want without shame,
Like cause heaps of trouble,
Then call my stunt double
And let *him* take all the blame.

When a bully dared swagger onto the scene
I'd immediately holler out, "CUT!"
And with one script revision
Fulfill my own vision
By cheerfully kicking his butt!

I'd expertly edit my picture
And show off my keen intellect.
I'd leave homework and chores
On the cutting room floor,
And replace them with special effects.

My production would win every Oscar,
Earning critical praise and acclaim!
If life were a movie
I'd feel just groovy
And have a masterpiece bearing my name!

Toby Tuttle's Time Machine

I've built an awesome time machine
that's prodigious and unique.
Not bad for just an average kid
who's not a techno-geek.
An ingenious invention
which I strap right on my head.
I flip a switch, it whirls and blips
and flickers blue and red.

Wherever I desire to go,
whether some distant time or place,
just a spin of the dial and a button pressed
and I'm whisked through time and space.
I've visited dozens of destinations
amid innumerable eras,
meandered with Neanderthals
and trekked the mighty Sahara.

I've explored deepest, darkest Africa,
traversed the Mariana Trench,
dined with George and Martha Washington,
fought a revolution with the French.
I've done these things and many more
and have made it safely home.
But alas, the power cells have drained,
now I'm trapped in ancient Rome!

Still King of the Jungle

People claim my behavior's barbaric
and say that I should rise above it.
But life in the jungle suits me quite well;
I proudly admit that *I love it!*
They really should see things from my point of view,
living free of worry and stress.
I'd rather be here than in *their* nutty world—
an untamed, uncivilized mess!

Each day the jungle is bursting
with oodles of cool competitions.
I play hide-and-seek with chameleons
and reptiles of every description.
I harmoniously out-sing the hornbills,
play games with gazelles and giraffes.
I wrestle with rhinos and brawl with baboons
and hog-tie hyenas for laughs.

Though predators prowl and pursue me,
and cannibals invite me to lunch,
I'm safe from these man-eating morons
by my amazing, instinctual hunch.
I know every trick and deception
of each savage and slavering slob.
I shrewdly outwit the carnivorous creeps
so I won't end up a tasty kabob!

I'm repeatedly pestered by hunters
who invade my serene sanctuary,
hoping to capture my jungle companions,
but it is *they* who ought to be wary!
With machetes and hatchets they hack through the brush,
making way on a silly safari.
But because of the traps which I've cleverly set
they end up as a snack for their quarry!

I'm still the king of the jungle,
and 'til the day that I die I shall reign.
I have no wish or need to be rescued,
for this is home and it's where I'll remain!
So to those who remain narrow-minded,
deliver this message from me:
It's my life and I've made my decision,
so stay away and M.Y.O.B.!

Do You Remember?

Do you remember the potion we made
that would give us magical powers?
You spent the afternoon throwing it up
and it made me fart nonstop for hours!

How about the night when we called
your dear grandmother up on the phone?
We said it was your departed grandpa
calling collect from the Twilight Zone!

Then there was the song that we wrote
and our parents made such a big fuss,
because we put in words that we'd learned
from the kids at the back of the bus!

And who could forget the prank that we pulled
on your neighbor, Amy Costello?
We drained all the water out of her pool
then filled it with raspberry Jell-O!

Do you remember those wonderful times,
the days you and I were like brothers?
It's hard to believe that was only last week
when we were allowed to play with each other!

Last Place

Baseball season's over,
We've finished in last place.
We're feeling quite downhearted—
An embarrassing disgrace!

We must admit our team did lack
Any aptitude or skill,
Although we toiled endlessly
And practiced every drill.

One member of our team stands out,
A true unholy terror,
Who screamed and blamed the rest of us
For every little error.

If we missed an easy catch
Or if we dared strike out,
He'd sit upon the dugout bench
And proceed to whine and pout.

And if we dropped an infield fly
Or missed a throw to third,
He'd shriek and tear his hair right out
While using words we'd never heard!

His parents never came around
To watch a practice or a game.
But if they saw his dreadful acts
We're sure they'd be ashamed!

How he made it on this team
No one can be sure...
I've never had a baseball coach
So downright immature!

BALL GAME

I just love the ballpark,
There's excitement in the air;
The sights, the sounds, the boos, the cheers,
And the unique bill-of-fare!

The home team charges onto the field
To eagerly take their spots.
The game begins but I miss first pitch
While in search of Dippin' Dots.

The batter safely takes first base
On an expert, well-placed poke!
But I ignore the entire play
Pursuing hotdogs and a Coke.

The announcer shouts excitedly,
"That catch was quite a dandy!"
But the broadcast falls upon deaf ears
While I am seeking cotton candy.

Then I miss a triple play
And a pair of infield flies
Since I'm much too busy
Pumping ketchup on my fries.

The crowd goes wild, the home team wins,
There's revelry and splendor.
But I'm too busy fumbling change
To pay the peanut vendor.

You may think I've wasted time,
And you might say I'm rude.
But I don't care much for the game,
I just come here for the food!

Cat Toy

Our kitten has a special toy
I'm not sure she deserves.
It gives her lots of exercise,
but it's getting on my nerves!

She gives the toy a mighty whack
and sends it spinning down the hall,
then yowls out with sheer delight
when it smacks against the wall.

When that game becomes a bore
she bats it down the stairs.
It bounces uncontrollably
and ricochets off the chairs.

My little brother laughs at her,
but I'm not as thrilled as he.
Since our kitten's 10 feet tall,
her favorite toy is me!

Toboggan

As I sit in my toboggan
feeling proud and confident,
I chuckle and prepare myself
for an incredible descent.

I eagerly anticipate
this death-defying ride,
to go down this hill at lightning speed,
excited and wide-eyed.

The other kids just stare at me,
or gawk and shake their heads.
They say I've really lost my mind,
so I tell them to drop dead!

But I'll admit I too am curious,
and truly wonder why
I sit atop this grassy hill
in a toboggan in July!

School Break

We have a school break next week, and boy I cannot wait!
No more pencils, no more books or other things I hate.
So at 3:15 on Friday when the dismissal bell has rung,
That's the time I'll just kick back and really have some fun!

Regrettably on Monday our mother has to work
And she's hired a babysitter who can really be a jerk!

On Tuesday it's the dentist (*who's an irritating pain!*)
Because I lost a filling he needs to drill and fill again.

But when Wednesday rolls around I bet I'll have a ball
As soon as I get home from (*EWWW!*) my yearly physical!

Thursday's the recital at my sister's ballet class,
But given the choice I'll gladly say, "Thanks, I'm going to pass!"

Friday afternoon's still left and boy I wouldn't miss it!
(*After I endure 6 hours of Aunt Martha's boring visit!*)

School break is almost here but I'm having some misgivings;
At home the daily schedule will be most unforgiving.
Everyone will laugh at me and take me for a fool
If I tell them in all honesty I'd rather be in school!

My Sister's Taking Ballet

My sister's taking ballet,
Which is rather complicated.
This clearly is a poor pursuit
For someone uncoordinated.
To pay for all her lessons
Was a decision rather rash.
I hope my parents realize
That they've wasted lots of cash!

Aptitude is absent
When she sashays across the floor.
Her awkward moves are more akin
To a bumbling brontosaur's!
Her promenade and plié
Are both a gawky mess,
And I quickly run for cover
When she attempts an arabesque!

Her recital invitations
Are a dreary double threat
As she performs her sloppy soubresauts
And pathetic pirouettes.
She thinks she's quite impressive
With her so-called "graceful talents,"
But so far all her ballet skills
Lack refinement, poise, and balance.

But she says it's growing tedious
And no longer worth her while.
So she's finding other interests
She claims are more her style.
I'm dealing with mixed feelings,
Both relief and utter dread,
For though she's giving up ballet
She's now clog dancing instead!

FISHIN'

I grabbed my trusty fishing pole,
my worms and tackle box,
hiked down happily to the stream
and sat upon a rock.

I had hoped to hook a catfish,
or reel in a perch or trout,
but my little brother tagged along
which left my catching fish in doubt.

I wish I could have left him home,
but I'm afraid it's much too late.
He's tangled up my fishing gear
and he's eaten all the bait!

THE POSTCARD

I appreciate the postcard,
it was really very kind.
But when I first received it
I'd feared you'd lost your mind!
The card was cold and clammy
when it arrived this afternoon.
It had a really funky smell
and with seaweed it was strewn.

I could hardly read your message
since the printing was quite blurred.
But I strained my eyes and persevered
and deciphered every word.
Since we've always been good friends
I've no doubt you were sincere
with your sappy salutation
of "Wishing You Were Here!"

I'm sure it must be marvelous
vacationing by the beach.
But didn't you know "Go jump in the lake!"
is just a figure of speech?

Roderick the Wrestler

I'm Roderick the Wrestler,
champion of the ring.
Of all the wrestlers hereabouts
I'm the undisputed king!
Prepared to meet a challenger
with a cold, unfeeling stare,
I know he'll plead for mercy
when knocked on his derriere!

A contender steps into the ring
with his poor, misguided hopes;
I apply a simple bear hug,
then force him up against the ropes.
If he makes it to round two
he ends up face down on the mat.
He's simply lifted overhead
and with one body slam—*KERSPLAT!*

I'm the Hercules of Headlocks,
the Raptor of Restraints;
I could be the Prince of Pugilists
but I'm getting some complaints!
My parents scold and shame me
and grumble angrily to each other.
They'd prefer I find a better way
to control my bratty little brother!

Animal Crackers

My brother is an oddball
as peculiar as they come.
They say his ways are "quirky"
but I think he's just dumb!

Each morning when I'm fast asleep
and the dawn is breaking through,
he's perched upon our backyard fence
cackling, "*Cock-a-doodle-do!*"

When mid-morning comes around
this fatuous little flake
slithers right across our lawn
like a goofy garter snake.

And if that isn't strange enough,
you should hang around 'til noon.
That's when he swings from tree to tree
like an boisterous baboon.

You'll find him lurking in the pool
several hours later,
grinning most unpleasantly
like a giddy alligator.

When day is done and the darkness comes
his daytime antics cease.
He then prowls 'round our patio
like some odd nocturnal beast.

I really hate to rant and rave
for he is indeed a gifted actor.
Folks claim he's an eccentric child
but I say he's animal crackers!

Bad Penny

One morning as I walked to town
I found a penny facing down.
Carelessly I scooped it up
Knowing tails could bring bad luck!
But thinking I was quite immune
I continued on and hummed a tune.
And heeding not my untied lace,
I tripped and landed on my face.

Believing it was coincidence
And not my stubborn ignorance,
I staggered back upon my feet
And prepared myself to cross the street.
I looked left, then I looked right;
Not a single car in sight.
I was then bombarded from *above*
With a nasty present from a dove.

I started in to fume and curse
As things just went from bad to worse!

I got a blister on my heel
And slipped on a banana peel!
I got a hole in my brand-new shoe,
Then stepped in stinky doggy-doo!
I was almost hit by a speeding car,
The store was out of candy bars!
A girl I liked was passing by
And giggled at my unzipped fly!

I threw my arms over my head,
Dashed on home and went to bed!
And on my way I tossed that penny
So instead of one I haven't any.

Here's some simple, sound advice:
A turned down penny isn't nice!
So always look for presidents
Before you pick up common cents!

BUSTED!

Caught in the act, undeniably busted,
with behavior strictly forbidden.
We had no ill intention still we're off to detention,
disgraced and completely guilt ridden!

We knew this seemingly innocent act
would break the recognized rules.
But we acted against our own common sense
like a couple of thick-headed fools.

The principal's jaw dropped in alarm;
he couldn't believe his own eyes!
The teachers all gawked and shuddered in shock
while the students whimpered and cried.

Our moms may end up in hysterics,
while our fathers see red and go wild.
My mother will wail, *"Oh, where did I fail?"*
while denying that I am her child!

It's more than a little bit awkward
watching them gather around us in bunches.
Why does everyone feel it's such a big deal
when two kids decide to trade lunches?

Ultra-Boy

He is the prince protector,
the conqueror of crime,
a champion above the rest,
a hero for all time!
Crooks and thugs don't stand a chance
whenever he is near.
Our neighborhood is safe and sound
since *Ultra-Boy* is here!

Is he strong and is he fast?
Well let me tell you plain:
He can outrun a racing thoroughbred
and surpass a speeding train!
You'll marvel at his feats of strength
which are close to Herculean.
He has *ten times* the muscle power
of the average human being!

Does he have a secret hideout
where he plots to thwart the villain?
A place he goes to hang his cape
and spend some time just chillin'?
You bet he does, but he won't reveal
its classified location.
But I hear it's an amazing hideaway
beyond imagination!

A thousand questions fill your mind,
about this enigmatic entity.
"Who is this brilliant mastermind?
What is his true identity?"
If I knew I'd never tell,
so please, don't even ask.
I respect the anonymity
of the boy behind the mask!

THE SHNUMS

Bounding through the treetops
on their tiny little bums,
Live little sphere-shaped creatures
no bigger than your thumb.
They have funny bulbous noses
and are as yellow as the sun.
Their yodels echo through the woods,
these creatures called the Schnums!

The Schnums are friendly fellows
who love to whiz and whirl,
bouncing upon branches,
playing tag with lively squirrels.
And though it seems quite perilous
they're seldom known to fall.
They find comfort in the treetops
playing games like Jiggly Ball.

When mealtimes are growing near
the Schnums become quite zealous.
And though their diet may seem strange,
it makes the other creatures jealous.
They gladly spend their mealtimes
on a limb or on a log,
happily consuming
pudding and hot dogs!

Seldom seen by human beings,
the Schnums are rather shy.
But they're best friends with gorillas
and the hippopotami.
Even though they're loved by most,
of one creature they are wary:
The vile monsters known as Schnups,
their evil adversaries!

The Schnups are wild, vicious beasts
who stay upon the ground.
(*Traipsing in the treetops*
they never will be found!)
With ratlike tails and turned up snouts
they are quite a fearsome sight.
And with their wicked razor teeth
they pack a deadly bite!

When a battle does take place
between the Schnups and Schnums,
jungle creatures join the fray
and there's pandemonium!
Shnums soundly bounce from Schnup to Schnup
until the rivals sound retreat.
Our heroes yodel mightily
as Schnups cower in defeat!

And so, dear children, never fear,
the Schnums are safe and sound.
Safe from vicious predators
that lurk upon the ground.
And though they seem peculiar,
they possess a certain charm.
Mother Nature will protect the Schnums
and keep them all from harm.

The Hotdog Touch

You may have heard of Midas,
Who had the golden touch.
What he'd hold turned stiff and cold
In his greedy Midas clutch.
But if **I** had the magic touch
I'd choose something that's nutritious.
Then every single thing I touched
Would be juicy and delicious!

The hotdog touch, the hotdog touch!
Boiled, grilled, or fried!
Let's stuff our jeans with franks and beans
And pickles on the side!

How I love that tasty treat,
Be it veggie, beef, or pork.
I might chow down like a maniac
Or eat politely with a fork.
Piled high with sauerkraut,
Or simply eaten plain.
Hotdogs are my food of choice
Again, let me explain...

The hotdog touch, the hotdog touch!
Boiled, grilled, or fried!
Let's stuff our jeans with franks and beans
And pickles on the side!

Hotdogs served for every meal
Some might call a crime.
But I'd eagerly await the call,
"Let's eat! It's dinnertime!"
I'd holler hungrily for a brat
And be ready for the wurst!
Yes, I'd be in hotdog heaven
Until my britches burst!

The hotdog touch, the hotdog touch!
Boiled, grilled, or fried!
Let's stuff our jeans with franks and beans
And pickles on the side!

There'd be a horde of hotdogs
Served bare or on a bun.
Red or white or foot-long,
Heaps for everyone!
I'd gladly share a chilidog
Or just your basic frank.
You could indulge yourself with corndogs
And have humble me to thank!

The hotdog touch, the hotdog touch!
Boiled, grilled, or fried!
Let's stuff our jeans with franks and beans
And pickles on the side!

Consuming hotdogs pound by pound,
There's nothing more worthwhile.
A stomach crammed with frankfurters
Would make me belch and smile.
I wish I had the hotdog touch,
Then life would be sublime,
And I could easily guarantee
There'd be a wiener every time!

The hotdog touch, the hotdog touch!
Boiled, grilled, or fried!
Let's stuff our jeans with franks and beans
And pickles on the side!

I'm Achin' for Some Bacon!

I'm achin' for some bacon and I just can't get enough
Of that greasy, fatty bit of pork, be it lean or tough.
Give me six or seven pounds and I'll surely eat it all,
Even though it's bursting with that bad cholesterol!

I'm achin' for some bacon, so pass some if you please.
Who cares if just a single piece has a million calories?
It has a salty, meaty taste that I simply can't resist,
So the next time you go shopping, be sure it's on the list!

I'm achin' for some bacon, and I'll eat it night and day.
I simply cannot get enough of…***What is that, you say?***
There's just one little side effect aside from making me lethargic?
You mean that if I eat too much I could become…..
                                    ACHOOO!
                                            …allergic??

I used to ache for bacon but now I'm much more cautious.
It used to thrill me with delight but now it makes me nauseous!
I'll never eat another slice nor even take a lick.
I no longer ache for bacon 'cuz now bacon makes me sick!

Pastry Pleasures

When presented with a pastry,
I never can decline.
I could gobble up a dozen,
Or maybe ninety-nine!
Covered thick with chocolate,
Or a sticky, sugary glaze,
Treats that tempt and tantalize
Put my taste buds in a daze!

I dream of devouring donuts
Filled with custard or with crème,
Or consuming countless crullers—
A sweet unending stream!
Goodies gloriously gushing
Gobs and gobs of gooey jelly
Entice me with their savory smells
And tease my grumbling belly.

Some folks fancy fried cakes
Or claim bear claws are the best.
Though cinnamon rolls and donut holes
I'm equally eager to ingest!
I ache for apple fritters
And creamy French éclairs;
But alas, I've eaten way too much
And now my rump's stuck in my chair!

GIVE ME BEEF!

With burgers on the menu
I'll be in paradise.
Served with cheese and lettuce
and tomato (*just a slice!*),
Ketchup, mustard, pickles,
and onion (*just a smidge*),
With a can of ice-cold cola
I've kept hidden in the fridge.

Give me beef! Delicious beef!
No other meat will do!
Be it just out of the broiler
Or off the barbecue!
Burgers topped with bacon
Are a succulent surprise,
But serve me burgers any style,
And don't forget the fries!

Veggie burgers won't suffice,
They're not meat at all!
If you serve that silly slop
I'll fling it towards the wall!
Bison burgers just won't do,
but who can really blame me?
They'll never **ever** pass for beef,
'cuz they're much too dry and gamy.

Give me beef! Delicious beef!
No other meat will do!
Be it just out of the broiler
Or off the barbecue!
Burgers topped with bacon
Are a succulent surprise,
But serve me burgers any style,
And don't forget the fries!

If you dole out ostrich burgers,
I'll snub the whole supply.
Poultry lacks the taste of beef;
those imposters just won't fly!
Burgers made with turkey meat
or chicken taste so foul.
But a beefy double-decker
will make my taste buds howl!

Give me beef! Delicious beef!
No other meat will do!
Be it just out of the broiler
Or off the barbecue!
Burgers topped with bacon
Are a succulent surprise,
But serve me burgers any style,
And don't forget the fries!

I'll try to put it plainly, dear,
chopped venison makes me cower!
But a luscious ground-beef patty
I'll voraciously devour!
Don't try to serve me anything
that cannot be served rare.
When it comes to juicy beef,
nothing can compare!

Give me beef! Delicious beef!
No other meat will do!
Be it just out of the broiler
Or off the barbecue!
Burgers topped with bacon
Are a succulent surprise,
But serve me burgers any style,
And don't forget the fries!

Hot Fudge Sunday

Chocolate milk on Monday
Starts the week off right;
Tasty truffles Tuesday
Make me squeal with delight!

A whoopie pie on Wednesday
Puts my taste buds in a whirl,
While brownies baked on Thursday
Make me nutty as a squirrel!

Fondue and fudge each Friday
Make great lip-smacking treats;
With scrumptious s'mores on Saturday
Very little can compete!

But hot fudge every Sunday
Is absolute perfection;
It can be drizzled over **anything**
To create a chocolaty confection!

Seamus the Famous Returns!

If you're bothered by ghosties and ghoulies,
Or find phantoms around every turn,
You've nothing to fear now that I'm here;
I'm Seamus the Famous and I have returned!

Shadows and spirits don't shock me;
I scoff at specters and spooks.
My rivals are awed when I uncover frauds
Or hoaxes concocted by kooks.

I eagerly enter an eerie domain
Where unknown entities lurk.
I don't find it scary in a dark cemetery
So I promptly get right to work!

If I have a bone to pick with a skeleton,
The interrogation may be a chiller.
I'll probe with aggression to unearth a confession
If I've an axe to grind with a killer.

Coffins and crypts don't concern me;
I'm not distressed by dungeons or dens.
I'll search beneath stones and moldering bones
To bring the case to a definite end.

So in the light of day or dark of night
I assure you I will be there.
(*But in case I might receive a small fright,
I'll bring a change of clean underwear!*)

Jeffrey Jekyll

I am the smartest kid at school, which can really be a pain.
Teachers stare at me and whisper, "There goes the walking brain!"
I'm mocked by all the other kids, who like to hoot and heckle,
But they'll all regret they ever messed with the genius, Jeffrey Jekyll!

Each afternoon when school's through and kids go out to play,
I head straight home and sneak down to my basement hideaway.
There I gaze quite smugly at the contents of my shelf,
Wring my hands excitedly and chuckle to myself.

With vials and flasks of this and that I ponder endless options,
Like creating unique formulas and curious concoctions.
But if I feel mischievous or have a vengeful notion,
Oh, what trouble I can cause with one simple little potion!

With a myriad of mixtures I can turn the tamest creatures
Into voracious carnivores which will devour all the teachers.
And my clever use of chemicals can create a wonder drug
Which will turn the kids who taunt me into slimy little slugs.

Though my plot may seem to be a trifle ludicrous,
The world will soon find out I'm not your common genius.
My superior intelligence gives me a fiendish sort of pride;
They may call me Jeffrey Jekyll but I'm really Henry Hyde!

WITCH?

Don't presume that we're all wicked
just because we're labeled witches.
Don't stamp us with your stereotypes
because they're full of stupid glitches!

We're not *all* withered, toothless hags
or wretched, ugly crones.
We munch on fast-food just like you,
not on children's crunchy bones!

Our noses, sleek and pretty,
are free of loathsome warts.
Our hair's not long and scraggly;
in fact, it could be blonde and short!

Capes have long been out of style
and so have pointy hats!
We don't cook with toad or newt entrails,
and we've finally ditched the cats!

Our choice of transportation
is not a broomstick in the sky.
We take Jet Blue or US Air
when we get the urge to fly!

Cauldrons! Potions! Curses!
Many rumors yet to quell.
So please step in, my little pet,
and visit for a spell.

Hugo Hartwig's House of Horrors

Welcome to my house of horrors;
I'm Hugo, your illustrious host.
I'll be your guide, so please step inside;
There are terrors from pillar to post!

Every corner is covered in cobwebs;
The stench of mold indelibly lingers.
Spiders attack from each crevice and crack,
As you're grasped by invisible fingers.

Morbid mosaics adorn every wall;
Grotesque shrunken heads hang from rafters.
Something traumatic occurs in the attic,
Complete with bloodcurdling laughter.

I've acquired innumerable corpses
Which I've put proudly out on display.
Their dry, withered flesh, once lively and fresh,
Is showing signs of disease and decay.

Sinister sirens and specters
Serenade you with ominous shrieks.
From floorboards to beams echo unearthly screams
Made by all manner of monsters and freaks!

That's but a taste of the thrills and the chills,
A sample of the spine-chilling cast.
But do me one favor and sign this small waiver,
For this visit may well be your last!

THE LAIR

I've approached this stony threshold
A thousand times before,
But this time something ominous
Lurks just beyond the door.

I clutch my sword securely
With firm and steady hand;
I must keep my nerves from wavering
And my wits in my command.

I retain a calm demeanor,
Though Heaven knows just how;
My heart beats fast, my breath is short,
Sweat forms upon my brow.

An eerie kind of echoing
Reverberates in the den;
The sound of heavy breathing,
Which sets my hair on end!

I listen closely, hold my breath,
the blood pounds in my ears.
Cautiously I inch inside
To face my utmost fears!

Now I'm not one for telling tales
Or relating things fictitious.
But I'm telling you, and this I swear...

THAT DRAGON WAS DELICIOUS!

CREEK CREEPS!

It was no croc-infested swamp
Or forbidding black lagoon,
Just a gentle creek in which I bathed
One sunny afternoon.
Whistling quite contentedly,
Preparing for a swim.
I had not the slightest inkling
Of the peril I was in.

For concealed in the brambles
Upon the distant bank,
Something ghastly gazed at me
Then beneath the surface sank.
Stealthily, it crossed the creek,
Unheard and undetected.
Slowly skimming towards the place
Where I was playing unprotected.

Then a swift and sleek appendage
Firmly grasped my feet,
But I was too dumbfounded
To gasp or even shriek!
A second of its lengthy limbs
Grew precariously near,
Yet I stood there mesmerized
and paralyzed with fear.

A single slimy tentacle
Started creeping up my calf,
And though it tickled terribly
I declined the urge to laugh.
I quickly grew more ill at ease
As tendrils circled 'round my thighs.
The courtesy of boundaries
It seems did not apply!

The tentacles constricted
As they reached my waist and hips.
And I was growing quite uncomfortable
With this odd relationship!
The beast was not the least bit shy;
In fact it grew much bolder,
As two tenacious tentacles
Crept 'round my chest and shoulders!

I quivered as I wondered,
Where would this nightmare end?
Would this beast devour me
Or could we just be friends?
Then all at once I was released
From its strong and solid grip,
But before it leapt back in the creek
It winked and said, "You're *IT*!"

Cyclops!

In a land that's yet uncivilized
Lurks a beast who's mammoth-sized.
I truly hate to visualize
What horrors may abound!

To approach his lair would be unwise,
Since your life you'll surely jeopardize.
For it's certain you'll be brutalized
If by the Cyclops you are found!

He'll squeeze you tightly like a vise,
Then with his club he'll pulverize.
At last the beast will cannibalize,
With you his midday snack.

So I logically hypothesize
It will be a lonely, sad demise.
No one will hear your mournful cries
As he starts to gnaw and chew.

So friend, let me now summarize
As I sit here and poeticize:
The Cyclops will not sympathize
Once he gets his eye on you!

Johnny Frankenstein

The new kid in our classroom
is the strangest we have seen.
He towers over the rest of us
and his skin's a sickly green.

His clothes are odd and out of style,
his boots are oversized.
Scars adorn his face and wrists
and he stares with bloodshot eyes.

He doesn't really say that much,
just mumbles, grunts, and groans.
The sounds are deep and raspy
like a croupy baritone's.

The new kid in our classroom
sends chills right down my spine.
He even has the strangest name—
it's Johnny Frankenstein!

Medusa

Hidden away in a dismal lair
Lurks a beast with snaking hair,
Who casts a cold hypnotic stare
That will leave you mystified.

With a brief and stony glance
She'll put you in a lethal trance;
Her slinking curls will twist and dance
As you are petrified.

Men who brave her dark abode
Soon regret a move so bold;
They remain upon her dark threshold
Cold and solidified.

Heroes and fools who have come before
Unendingly guard her corridor—
Grotesque statues forevermore,
Eternally ossified.

Wary and wise leave her alone
Lest they too are turned to stone,
For those who approach her wretched throne
Are forever fossilized.

Deserted

The moon is nightly watchman
Over gray and crumbling stones;
A solitary sentinel
Of dust, decay, and bones.

A simple graveyard keeper,
Curator of the dead,
Observes an anxious uprising
Where restless beings tread.

The musty mausoleums,
Unnoticed and neglected,
Cry out for simple maintenance
By those whom they protected.

Abandoned plots, deserted graves,
Cracked, collapsing crypts,
Sitting long forgotten,
Stones moldering and chipped.

Wails echo harshly
Through the bitter midnight air.
Spirits cry for vengeance
From the thoughtless lack of care.

If you find you're passing by,
Beware the dreadful din.
The stone and steel surrounding it
Won't keep angered spirits in!

THE ZOMBIES ARE COMING!

The zombies are coming! The zombies are coming!
Crawling hungrily out of their graves!
They're creeping out of their coffins and crypts
To devour the weak and the brave.

The zombies are coming! The zombies are coming!
To scare you right out of your skin!
They'll gaze upon you with cold, sagging eyes
And smile with sickening grins.

The zombies are coming! The zombies are coming!
Can you smell their rotting remains?
Trudging along vacant alleys and streets,
Wailing out loudly for brains.

The zombies are coming! The zombies are coming!
Seeking both young and old to digest.
But you should be safe if you've taken and passed
The Zombie Emergency Test!

Interplanetary Visit

We have come to Earth just to observe—
an interplanetary visit.
We must admit when we first arrived
it seemed enlightened and exquisite!
But as we study this strange new world
and scrutinize its creatures,
we see these odd inhabitants
possess some most peculiar features.

Instead of bouncing place to place
they use a transport called a "car."
Don't they know that bouncing's fun?
These human beings are bizarre!
And when they move, it seems to us
they madly dash about.
And we are at a loss to tell
If they're coming in or going out!

Our research repeatedly finds mankind
unconventional and weird.
They act like personal contact
is a behavior to be feared!
Their conduct is eccentric
and curiously perplexing.
Even when they're face-to-face
they do something known as "texting"!

For amusement they are quite content
with games depicting war,
Visual displays of violence,
weapons, blood, and gore.
And for the ears they have produced
a musical mishap;
a dreadful din, a noxious noise;
we believe they call it "rap."

We have come to this conclusion:
This species is quite dense!
Perhaps as they evolve some more
they'll acquire some common sense!
It's been grand but they can have
all of their unusual fixations.
We'll be so glad to leave this world
and return to civilization!

PET SITTER

I'm looking for a sitter
For a very exceptional pet.
I don't know exactly what it is
And so I haven't named it yet.

I keep it in the basement
Underneath the stairs.
And the chain that I contain it with
Could restrain ten grizzly bears.

My friends flat out refuse to sit;
They say my pet is out of control.
And the folks down at the kennel
Won't touch it with a ten foot pole!

You really needn't be afraid,
Still I'll give you a small reprieve;
I'll say my prayers as I sneak downstairs
And feed it lunch before I leave!

Headhunter!

I've always been encouraged
To do my best to get ahead,
But it seems my latest hobby
Has filled my parents' hearts with dread!

I've abided by their wishes
And never voiced the least objection.
So why are they so horrified
By my shrunken head collection?

I'm Just a Simple Skeleton

I'm just a simple skeleton
made of dry and fleshless bone.
To leave the shelter of my grave
is outside my comfort zone.
I long to be more lively
and adeptly animated,
still I sit here on my bony butt,
downhearted and berated.

Since my eyeballs turned to dust
I've been truly lacking vision,
but spirits do not sympathize
and demons treat me with derision.
If I was a ghoul with nerve,
not this emaciated klutz,
I'd show off what I'm made of
but I haven't got the guts!

I yearn to rise when dusk arrives
to spread some doom and gloom;
instead I sit night after night
in this dark, depressing tomb.
And while nocturnal beings'
nighttime revelry commences,
I just stay and wither away
to face grave consequences.

It Stinks to Be a Mummy

It stinks to be a mummy
since the wardrobe has its flaws.
I can't accomplish what I must
wrapped so tightly up in gauze.

The simple task of getting dressed
is one of many disadvantages.
I must wrap myself from head to toe
in countless yards of moldy bandages.

Because my legs are tightly bound
I waddle more than walk.
And with my face enveloped so,
I mumble more than talk!

But the biggest problem that I face
is worse than you'd think possible;
Every attempt to relieve myself
is just about impossible!

However, once the job is done
to finish is no issue,
for I'm shrouded in my own supply
of sturdy toilet tissue!

In the Company of Zombies

I'm in the company of zombies
and feel sorely out of place,
for I'm the only one left standing here
who resembles the human race.
These "*things*" which have surrounded me
have the stench of death and mold,
and the way they moan and slog about
has made my blood run cold!

Their eyes are absent or decayed
or dangle loosely from their sockets.
(*I wonder when they do fall out
if they put them in their pockets?*)
Most just have a vacant space
where their nostrils used to be,
and where they once had scads of teeth
they're left with two or three.

A grisly ghoul right next to me
is exposing guts and bones,
and the remaining ribs remind me of
a gruesome xylophone.
His rotting flesh slides off in slabs
in a way I find unnerving!
I lost my shoe in the residue
and it's really quite disturbing.

These creatures howl out for brains
but I stay meek and quiet
(*Human parts don't appeal to me;
besides, I'm on a diet!*).
So in haste I'll make a bold escape
from this ghastly situation
and decline eternal membership
in this morbid congregation!

Our Gym Teacher's an Ogre

Our gym teacher's an ogre,
the worst we've ever seen.
Each gym class we must suffer through
his grueling exercise routine.

Our efforts with aerobics
lack agility and grace.
(*It's hard to look inspiring*
with sweat oozing down your face!)

When performing calisthenics
we drip from every pore.
Puddles become enormous pools
which cover half the floor.

Perspiration pours profusely
until the gym smells like a zoo.
And the only means of sure escape
is by rowboat or canoe!

Although gym class is torturous,
dismissal time is easy;
Our teacher simply picks us up
with a bucket, mop, and squeegee!

WHEN LUNCHBOXES ATTACK!

As I sat down at noon today
for my normal midday snack,
I had no reason to believe
that a lunchbox could attack!

Things started out quite normally
until I reached in for my pear.
That's when my lunchbox growled at me
with a threatening, "**I dare!**"

My heart was pounding wildly,
and I gazed in utter awe.
Still I reached in once again
for my thermos and my straw.

The lunchbox snapped ferociously,
yet I didn't blink an eye.
It snarled and challenged, "*Try again
for your ham and cheese on rye!* "

So I swiftly snatched my sandwich,
my apple pie and chips.
The lunchbox became furious
and nipped my fingertips!

Then it lunged most viciously,
bit my thumb and then my pinkie.
I think I'll quit while I'm ahead
And let it keep the stupid Twinkie!

If I Were a Porcupine!

Wouldn't I look chic and sharp
if protruding from my spine
was a stickly, prickly arsenal
just like a porcupine's?

The hundred thousand quills or more
extending from my back,
would quickly thwart my enemies
who might ambush or attack!

I'd be a robust rodent
outfitted to impale
those bold enough to threaten me
with my spine-encrusted tail.

So if I were a porcupine,
oh, wouldn't it be quaint?
Bullies who dared to bother me
would be quick to get my point!

Village Idiot

I'm diligent and courteous,
practice proper etiquette,
yet folks around here treat me like
the village idiot!
This title has grown tiresome
but I suppose it must be true;
since technology befuddles me,
I'm a dimwit through and through!

Complex computations
roll around inside my head,
so friends and neighbors taunt me
with names like "noodle-head."
They depend on fancy gadgets
to find differences and sums.
I guess it doesn't pay to think
because I end up looking dumb!

To recall complex directions
I need only hear them once.
I guess that's why I'm labeled as
our district's darling dunce.
I don't employ a GPS,
instead I visualize,
which makes me quite an imbecile
in other people's eyes.

I'm puzzled by an iPod,
an iPhone and its apps.
Texting just perplexes me
so I must really be a sap!
Computers just confound me
and cause cerebral pain.
I guess they're just a waste of time
for this flaky featherbrain.

Despite all this I have a dream
one day I will be famous,
recognized as brilliant
and not the town's own ignoramus.
But if I'm branded "ignorant"
or "Deluded Dunderhead,"
I suppose I'll wear the label
since I use my brain instead!

CPSIA information can be obtained
at www.ICGtesting.com
Printed in the USA
LVIC080343051212
310119LV00004B

* 9 7 8 1 4 7 8 7 1 7 0 8 9 *